政界邪教『一票の価値平等教』を
断固否定し粉砕せよ!!

地方の声よ国政に届け!

竹本　護

たま出版

◎目次

『序言』

「地方殺しの愚法悪法・アダムズ方式」の廃棄廃止と【両立積式議員定数決定方式】の採択

『1』

（イ）

【アダムズ式議員定数決定方式】とは、

【「選挙区制選挙における各選挙区の議員定数を決定する方式」の一で、

1、各選挙区の有権者における

イ、**『立法権力形成権の対等性』**すなわち『議員選出機能の対等性』すなわちまた「選挙区制選挙において議員を選出するに際してのその『選出機能（一票の価値）』における最高度の対等性」。

を保障する議員定数算出方式として、

2、その「議員定数算出方法」を

イ、「各選挙区の人口を一定数値で除し、商の小数点以下を切り上げた値を各選挙区の仮の議員定数とし、この仮の議員定数の合計が全選挙区の議員総定数に一致するように当該の一定数値を調整することによって各選挙区の議員定数を決定する」方法。とする議員定数決定方式。】

をいい、

【両立積式議員定数決定方式】とは、

【「選挙区制選挙における各選挙区の議員定数を決定する方式」の一で、

1、各選挙区の有権者における

イ、『**立法権力形成権の対等性**』すなわち『議員選出機能の対等性』すなわちまた「選挙区制選挙において議員を選出するに際してのその『選出機能（一票の価値）』における最高度の対等性」。

および、

ロ、『**立法権力活用権の対等性**』すなわち『議員接触機会の対等性』すなわちまた「選挙区選出議員との『物理的接触機会（面会会合機会）』における最高度の対等性」。

の双方の権利的対等性を両立的に保障する議員定数算出方式として、

2、その「議員定数算出方法」を

イ、「『各選挙区の議員定数＝全選挙区の議員総定数×各選挙区の両立積｛各選挙区の人口×（面積の平方根）｝÷両立積総和（全選挙区の両立積の総和）』とする計算方法によって各選挙区の議員定数を決定する」方法。

とする議員定数決定方式。】

をいう。

（ロ）

なお、

1、**「立法権力形成権」「立法権力活用権」**の詳細については、

イ、『二、「立法権力形成権」と「立法権力活用権」に関する考察』を参照。

2、「本稿」においては、

イ、**【アダムズ式議員定数決定方式】**は、**【アダムズ方式】**と略称し、

ロ、**【両立積式議員定数決定方式】**は、**【両立積方式】**（**竹本方式**）と略称する。

『2』

（イ）

『衆議院小選挙区選挙における議員定数決定方式』については、最高裁の「一人別枠方

式は違憲」との判決（2011年3月）を受けて、2016年に公選法が改正され、2022年以降（すなわち次回）の総選挙から「人口比例方式の一種である『**アダムズ方式**』」が採用されることとなった。

（ロ）

ところが、この「**アダムズ方式**」によると、東京・神奈川・埼玉・大阪といった人口多数の都府県の議員が現定数より1～8名も増加する一方で、東北・北陸・中国・四国・九州の人口僅少県においてはそれぞれ2～3名程度にまで減少してしまうこととなり、

〔**注**。「現定数決定方式・両立積方式・アダムズ方式」のそれぞれの方式によって決定される「47都道府県の議員定数の具体的数値」については、「後述の【**数表・2**】」を参照比較して頂きたい。〕

当然、議員数を減らされる当該各県の有権者・議員からは「『地方の声』が国政に届かなくなる」との〝不満と抗議の声〟が上がってはいるものの、イ、政界・法曹界に〝はびこる〟〝**愚論悪論**「**一票の価値平等論**」「**一票の価値格差2倍以内論**」〟に圧されての〝情緒的で弱弱しいか細い声〟でしかない。

（八）

これに対して、

1、「人口比例方式としての〝**本質的欠陥**〟」、

すなわち、

イ、「人口値のみ」を定数決定の根拠とすることにより議員数の『大都市都府県域における**過密的増大**』と『地方県域における**過疎的減少**』を不可避的に固定化（人口動態によっては加速）してしまう〝**欠点・短所**〟。

からなる『〝**天下の愚法悪法**〟**アダムズ方式**』に反対し、

2、「人口過疎地方域・人口過密大都市域も含めて広く国民多数からの賛同と納得が得られる『新・都道府県別議員定数決定方式』」としての

「**【両立積式議員定数決定方式】**すなわちまた**【両立積方式】**（**竹本方式**）」

を〝**理論的体系的に力強く**〟提唱するのが今回の私の「〝**緊急**〟**提案**」である。

（**注**。

「**アダムズ方式**」は、

イ、「選挙区（都道府県）における『**人口のみ**』」を計数要素とした特異性のある議員定数算出方法。

すなわち、

ロ、「都道府県の人口を一定数値で除し、商の小数点以下を切り上げた値を都道府県の仮の議員定数とし、この仮の議員定数の合計が（衆議院小選挙区の）議員総定数となるように当該の一定数値を調整する」という〝難解煩雑な数学操作〟を行なわねばならない議員定数算出方法。

であり、かつ、その算出結果は、

ハ、「都道府県議員定数＝全国議員総定数×選挙区人口÷全国総人口」との算出方法からなる『人口比例方式』における算出結果。

にほぼ一致するので、「本稿」においては「議員定数決定方式としては『**人口比例方式≒アダムズ方式**』と表記して扱う」ものとする。｝

『3』

（イ）

「一票の価値平等論」とそれを受けての『**人口比例方式≒アダムズ方式**』は、現時点では、「政界（政党・国会議員）・法曹界（裁判官・弁護士）のみならず報道機関（新聞・テレビの論説員・解説者）・知識人（政治学者・政治評論家・政治ジャーナリスト・コメンテー

ター等）の〝圧倒的多数〟」から〝信仰的に〟支持されており、その〝**不適格性論破**〟は容易ではないが、

（ロ）

【両立積式議員定数決定公式（両立積式都道府県別議員定数決定公式）**】**としての

＊　＊　＊

【議員定数＝議員総定数×両立積÷両立積総和】との数公式。

すなわち、

【当該選挙区（都道府県）の**議員定数＝議員総定数×**当該選挙区の**両立積**｛当該選挙区の**人口×**（**面積の平方根**）｝**÷両立積総和**（全選挙区の両立積の総和）**】**との数公式。

すなわちまた、

【選挙区がA・B・C……Xの各選挙区である場合で、

イ、A・B・C……Xの各選挙区における「**人口**」がそれぞれPa・Pb・Pc……Px。

ロ、A・B・C……Xの各選挙区における「**面積**」がそれぞれWa・Wb・Wc……Wx。

ハ、選挙区選出議員総定数が「Nt」。

であるならば、

『**A選挙区における議員定数**「Na」』は、

『Na＝Nt×（Pa√Wa）÷（Pa√Wa＋Pb√Wb＋Pc√Wc＋……＋Px√Wx）』とする数公式。】

＊＊＊

は、「議員定数決定方式に係る着眼点・着想」として、

＊＊

イ、「国政の主人・主権者である国民が保有する政治的権利には『**立法権力形成権**（国会議員を選挙によって選出する権利）』のみならず『**立法権力活用権**（国会議員に接触しその政治的力を活用して公共的な政治的利益権益を得る権利）』の二種の政治的権利がある」

との考えがあったか。

ロ、「国政の主人・主権者である国民には『立法権力形成権すなわち**議員選出機能**（**一票の価値**）の対等性』と同様に『立法権力活用権すなわち**議員接触機会**（**物理的接触機会＝面会会合機会**）の対等性』が両立的に保障されねばならない」

との考えがあったか。

ハ、「『**議員選出機能**（**一票の価値**）の対等性』と『**議員接触機会**（**物理的接触機会＝面会会合機会**）の対等性』の双方の権利的対等性を両立的に満たす議員定数決定方式」とするために

「『**両立積**』すなわち『(都道府県の)「**人口値**」と「**面積の平方根値＝距離値**」を掛け合わせた値』をもって定数算出を行なうための基準値とする」

そういう考えもあったか。

＊＊

と「『政界・法曹界・報道機関・知識人における〝未発想領域〟』を突いた完全に万人未知未見の独創的な計算式」であるので、

（ハ）

すべての有権者・議員はもとより知識人諸賢をも

＊＊

1、これなら、

イ、数式基準値として『**人口のみ**』を考え大都市有権者側の主張としての「**一票の価値格差を解消すること**」しか考えていない『〝**天下の愚法悪法**〟**アダムズ方式**』。

よりは、

2、数式基準値として『**人口**』と『**面積**（**面積の平方根値＝距離値**）』を合わせて考えることにより、

イ、「大都市有権者が主張する『〝選挙区人口差〟に起因する一票の**価値格差**の解消』と

地方有権者が主張する『〝選挙区面積差〟に起因する**議員接触格差**の解消』の双方の格差解消の〝**相殺的妥協的解消**〟を「所定の計算式としての**【両立積式議員定数決定公式】**」に従って成し遂げ、

ロ、「人口の過密過疎や面積の広大狭小といった都道府県別地域特性」を超えての『全国民の政治的な権利と利益の公平かつ最大量的分配』を保障する**【両立積方式】**。の方が「(都道府県別)**議員定数決定方式**」としては明らかに優れている。

＊　＊

と納得させることができるはずである。

『4』

（イ）

もとより「人口比例論＝一票の価値平等論」「一票の価値格差二倍以内論」は、

1、「政界・法曹界・報道機関・知識人諸賢のほぼ総員を〝病理信仰的に〟支配している価値観」であるので、これを打破論破するには〝生半可な主張と論理〟では不可能であり、「統計数値資料に基づいた前提・推論・結論のすべてが『的確完璧な理論体系』」を構築できてこそ可能となるものである。

（ロ）

1、であればこそ、「400字詰原稿用紙換算で約270枚からなる『**本論稿**』」を書き上げたわけであるが、

2、「議員定数決定方式の中に『**立法権力形成権＝議員選出機能（一票の価値）の対等性**』と『**立法権力活用権＝議員接触機会（面会会合機会）の対等性**』の双方の権利思想・権利概念を共存させるという〝未知未見の新発想〟」に基づき、

3、「〝ここまで『緻密に論理的体系的に』〟大都市・地方双方の有権者と議員の都合を考え合わせて組み立てられた『**議員定数決定論稿**』」は今まで政界にも論壇にもまったく存在しなかったはずである。

4、ぜひ、ご精読頂き、論稿全体が創り出す

イ、【**両立積式議員定数決定方式**】すなわちまた【**両立積方式**】は、まぎれもなく「大都市重視・地方軽視の『**愚法悪法・アダムズ方式**』よりも大都市域・地方域の有権者・議員の双方の立場と主張を考え合わせ『双方の政治的な権利と利益に対する調和的配慮』が成されている議員定数決定方式」であり、「望まれるべき政治と選挙の現実」を

的確に反映している。必ず採用すべきだ。
との「**説得力**」を確認して頂きたいものである。

（ハ）

（**注。【両立積式議員定数決定方式】**すなわちまた**【両立積方式】（竹本方式）**は、

1、東北・北陸・中国・四国・九州の面積広大人口僅少県の有権者・議員からは、

イ、「わが県における『**選挙区面積**』したがってまた『**議員接触機会**（有権者と議員との面会会合機会）』に対する明確な配慮が成され『**相応の議員定数確保**』も成されている。これなら〝**地方切り捨て**〟にはならない！　よくぞ考え出してくれた」と『反対する者は誰一人としていない圧倒的・絶対的な賛同と支持』。

が得られることの確実な議員定数決定方式であることは間違いない。

2、一方の「『**両立積方式**』の適用により「**アダムズ方式**」の場合から定数を減らされる『面積狭小人口過密都府県としての「12名減の東京」「7名減の神奈川」「8名減の大阪」』等の大都市都府県の有権者・議員」に対しても

イ、議員数が減り『一票の価値格差』が拡大して不満ではあるが、

ロ、「定数決定」に際しては、

「全都道府県民において相互に『地方地域における**議員接触格差縮小の主張**』と

『大都市地域における**一票の価値格差縮小の主張**』の双方の主張の損得・有利不利・優遇冷遇を互いに相殺妥協し合い受忍し合わねばならない実際的必要性」を考えれば受け入れてもいいか。

と言わせる十分なる可能性がある「議員定数決定方式」に他ならない。}

『5』

「『本提案』すなわち『**【両立積式議員定数決定方式】**の〝**緊急**〟**提案**』」は、

1、「都道府県のそれぞれの議員定数を決定するという『わが国の議会政治の根幹を形造り政党・議員の運命をも左右する〝**一大政治改革**〟』を引き起こす『**原理的提案**』」であるので、

2、「その説得力と影響力およびまた結果の大きさ」ゆえに

イ、「思い入れ・排他性の強さ」からもはや〝一神教的政治宗教化〟していると言わざるをえない『**悪弊政治宗教・政界邪教・一票の価値平等教**』。

の〝敬虔な信者〟として今まで『**人口比例方式・アダムズ方式**』を〝無批判的・病理信仰的に〟支持してきた

ロ、政界（政党・国会議員）・法曹界（裁判官・弁護士）・報道機関（新聞・テレビの論

説員・解説者）・政治系知識人（政治学者・政治評論家・政治ジャーナリスト・コメンテーター等）の〝**総員**〟。

をして、

＊＊

イ、エッ、まさか！　「『一票の価値格差2倍以内』に固執していたわれわれの考え」は間違っていたのか！

ロ、確かにそう言われりゃ『**立法権力活用権＝議員接触機会**（**面会会合機会**）**の対等性**』という考えも『**立法権力形成権＝議員選出機能**（**一票の価値**）**の対等性**』の考えと同様に『有権者にとっての重要不可欠な権利思想・権利概念である』と納得できるし、

その発想を完全に〝欠落〟させたまま議員定数問題を考えていたわれわれの従来の思考は〝**権利認識において大いに未熟、権利視野において大いに狭量偏狭**〟だったと認めざるをえない。

ハ、ということは、「今まで支持し主張していた『**アダムズ方式**』」を〝**断念放棄**〟して**【両立積方式】**に賛同転換せざるをえないということか！

＊＊

と〝**顔面蒼白**〟〝**騒然**〟とさせることは確実必至である。

3、したがってまた、「**本提案**」が、

「政界・法曹界・報道機関・政治系知識人の総員の〝**常識**〟をブチ壊し震撼させ『(都道府県別) **議員定数決定大革命**』を引き起こす〝一**大提案**〟」となることもまた確実にして必至である。

一、「定数訴訟」と高裁・最高裁判決の状況

『1』

〔注。

『選挙区制選挙に係る一票の格差問題と訴訟事案』は衆議院選・参議院選のたびに生じているものであるが、

イ、両選挙におけるこの問題と事案の解決に関わる主張趣旨。

すなわち、

ロ、選挙区によって「一票の価値」に最大で2倍以上（衆議院選の場合）・3倍以上（参議院選の場合）の格差があるのは憲法14条に定める『法の下の平等』に反するから

この選挙は違憲であり無効とすべきだ。

との趣旨には「原理的差異」は認められないので、

「本稿」においては、その考察対象としては『**衆議院選挙・小選挙区制**』のみを取り上げるものとし、「『参議院選挙・選挙区制』における問題と事案の解決」は「衆議院選挙の場合と同様の趣旨と理論」によってなされるものとする。}

『２』

（イ）

「近年の衆議院選における定数訴訟に係る『**高裁・最高裁判決**』」に関しては、

＊＊

１、「２０１７年１０月の衆院選（最大格差１．９８倍）」に係る定数訴訟においては、

イ、高裁・支部段階では「違憲状態１」「合憲１５」となっており、

ロ、最高裁判決では『**合憲**』の判決が出されたものの各裁判官の判断においては「違憲２名」「違憲状態２名」「合憲１１名」となっている。

２、「２０１４年１２月の衆院選（最大格差２．１３倍）」に係る定数訴訟においては、

イ、高裁・支部段階では「違憲１」「違憲状態１２」「合憲４」となっており、

ロ、最高裁判決では『**違憲状態**』の判決が出されたものの各裁判官の判断においては「違憲３名」「違憲状態９名」「合憲２名」となっている。

＊＊

（ロ）

すなわちまた、

（前述したように）「選挙区によって一票の価値に最大で2倍以上の格差があるのは憲法14条に定める『法の下の平等』に反するからこの選挙は違憲であり無効とすべきだ」というほぼ同一内容の訴訟であるにもかかわらず、

1、「（イ）に示す数字的事実」からも明らかなように、

2、「高等裁判所・最高裁判所およびその裁判官・判事という高次の司法段階・裁判担当官」においてさえ「**違憲・違憲状態・合憲と判断が分かれる**」というこうした事実・事態は、

3、まさに、各裁判官・各裁判所において

イ、「議員定数や選挙区の区割りの決定に関する善悪・適不適・是非可否・正当不当」にかかわる『**明確な統一的判断基準**』。

が存在しない事実の証左ともいえる。

『3』

「当該の定数状況は違憲か合憲か」の判断を巡って『各裁判官・各裁判所がかくも〝**混乱迷走する**〟根幹的要因』は、

1、各裁判官・各裁判所における違憲合憲判断の基準が「一票の価値はすべての選挙区において平等であるべきだとの考え」すなわちまた『**人口基準論**（人口比例方式）』にのみ囚われ依拠していることで、

2、各裁判官においてはその「違憲合憲の判断分岐」が

イ、「最大格差が2倍以内でも、2倍を超えたら、はたまた3倍以内程度なら憲法趣旨に反するのか反しないのか」という『**違憲となる限界数値の置き方の違い**』。を唯一の基準としてなされており、

3、かつ、この「2倍か3倍かという違憲限界」のいずれの数値設定にも『客観的な合理性・妥当性・正当性の根拠』はなく、したがっていずれの数値設定も

イ、全裁判官の違憲合憲にかかわる認識と見解を統一しうるだけの『**普遍的根拠**』。となることはできず、

4、結果としてその判断は、

イ、各裁判官の『(「私はこの程度がいいと思う」といった) 主観的感覚的判断次第』という曖昧な基準。

に任されているところにある。

〔**注**。「最高裁判決」としては、現在時点では「最大格差が2倍以内ならば合憲、2倍を超えれば違憲もしくは違憲状態」と考えられているものと思われるが、かつては「1986年の衆院選においては2．92倍でも合憲」、「2004年の参院選においては5．13倍でも合憲」とする判断もなされていた。〕

『4』

(イ)

とりわけ、「違憲判決・違憲判断を出したいずれの裁判所・裁判官」も、

1、違憲合憲判断の基準を『選挙区における人口（もしくは有権者数）の多少とその人口格差比率（**一票の価値格差**）』にのみ固執的に置いており、

2、したがってまた、

イ、「**区内の面積の広狭や過疎度合い・過密度合い**」といった『人口値以外の定数区割りに関係すべき要素・要因』に関わる思慮と価値判断。

をほとんど行なうことなく、ただ単純に

ロ、「各選挙区における最大人口（もしくは有権者数）格差が2倍以上」だから『違憲・

違憲状態』。

と主張しているが、

（ロ）

『**司法**（裁判所・裁判官）**におけるこの判断と主張**（権利思想・権利判断）』は、「『実際的な政治運営と立法実務（すなわち国会議員の仕事）の意味と実態』に関わる根幹的な事実」としての

＊＊＊

1、『**有権者と国会議員の関係**』とは、たんに「選挙の時の選ぶ選ばれるだけの一時的相互関係（選びっぱなしで後は互いに無関係という関係）」で終わるものではなく、

2、選挙後の任期期間のみならず議員生活全期間において成立すべき

イ、有権者が議員に対して「国家政治の運営によって生じる公共的な政治的利益権益」すなわち『思想的理想の実現や民生的福利の保障と確立および制度的実利的利益の獲得等の成果』を享受するための主張や訴えや働きかけを行なうために『**双方が物理的に接触する関係**』。

すなわち、

ロ、双方が面会し会合し対話し
「有権者が議員に対して生活状況を訴えたり（みずからを幸せとする）相当の法律制定・制度整備・予算獲得等に係る要請・陳情もしくは抗議を行なう等の関係」
および
「議員が有権者に対して生活状況を尋ねたり（有権者を幸せとする）相当の法律制定・制度整備・予算獲得等に係る要望を聞いたり関連の説明を行なったりしながら現実の議員活動・政治活動でこれに応える等の関係」。
もまた重要な相互関係であり、

3、この
イ、有権者が「政治家（議員）すなわち『**立法権力者**』」に接触し『**その政治的力を活用**』して自分たちの公共的な政治的利益権益を得る権利。
すなわち（後述する）、
ロ、**【立法権力活用権】**。
もまた有権者としての正当かつ重要な政治的権利である。
との事実。

＊　＊　＊

すなわちまた、

4、「各選挙区（都道府県）における議員定数と区割りの決定」に際しては、

イ、『**選挙区内人口の多さ少なさ**』といった要因。

のみならず、

ロ、有権者がみずから選出した国会議員に対して「国家政治の運営によって生じる公共的な政治的利益権益を享受するための『**主張や訴えや働きかけ**』を行なうべく「相互が相互に『**物理的に接触し合う**（面会し会合し対話し要請陳情もしくは抗議する）』ための容易さと困難さに関する要因。

としての

ハ、「相互の間の『**距離的時間的費用的な遠さ近さ**』」すなわち『**選挙区内面積の広さ狭さ**』といった要因。

もまた配慮されるべき事実。

＊　＊　＊

（ハ）

の両事実に対する思慮と認識理解の及んでいない判断と主張であり、

1、「**『政治という社会的人間的営為』**に対する根幹的な認識と理解」すなわち「『政治とはなんぞや、選挙とはなんぞや、選挙民・国会議員・政治家とはなんぞやという根源的問い』に対する回答」に係る

イ、大いに〝**未熟**〟にして〝**不完全な問題意識と正当性主張**〟。

であり、

2、「**『選挙』**に係る根幹的な意義意味」、すなわち、

イ、「国民（有権者）が**『国家立法権力の形成者・体現者で国民の政治的意思の代表者・被委託者である国会議員』**を選出するという営為に係る根幹的な意義意味」、とりわけ「後述する**【立法権力活用権（議員接触機会）の対等性】**の意義意味」。

に対する

ロ、〝**無知・無理解**〟にして〝**原理的認識欠如の考え**（権利思想・権利判断）〟。

であるにほかならない。

『5』

（イ）

こうした

「国民にとっての議員定数問題の違憲合憲判断に係る『**最終の信頼機関としての裁判所・裁判官**』においてさえ確たる判断基準と結論が得られない現実」

があればこそ、

一日も早く「国民的英知と論議」を尽くして

1、「『選挙という営為』および『選挙と国会議員を介して成立すべき国民（有権者）と政治の関わり』の根幹的意味」に対する『的確な認識と理解と主張』に基づいての

イ、「有権者も議員も（識者一般も裁判官も）」ともに納得しうる新しい【**客観的議員定数決定基準**】。

を創案創出することが望まれるわけであるが、

（ロ）

「議員や識者の間で行なわれてきた従来の論議」においては、

イ、『**人口基準論**』すなわち「都道府県や各選挙区における人口（もしくは有権者数）と議員一人当たりの人口比率（一票の価値比率）のみを定数区割り決定要因とする論」に係る論議。

すなわちまた、

ロ、この「人口基準論を受けての『**人口比例方式**』すなわち『都道府県における議員定数

は都道府県の人口（もしくは有権者数）に正比例して決定すべきとする定数区割り決定方式』」に係る
「最大人口格差（一票の価値格差）が2倍だ3倍だといった『**数値比較論議**』」。のみが〝異常な熱意〟でもってなされてきたのが実情である。

（ハ）

｛**注1**。その典型的な論が『**人口完全比例論**』すなわち「全選挙区における『議員一人当たりの人口比率すなわち一票の価値』は『完全に1対1』とすべきであり、このためには『都道府県や市区町村の境界（行政区画）を越えての区割り』も行なうべきであるとの〝極論〟」である。｝

｛**注2**。なお、「選挙区における定数と区割り」を決定するに際しては、「選挙区内の『人口』ではなく『選挙有権者数』を決定基準とすべき」という考えもあるが、「都道府県や各選挙区における人口数と有権者数（成人数）の比率」は概略的には全選挙区においてほぼ一定的であるから、「本稿」においては、

「統計数値として国民多数によく知られ馴染んでいる『**人口**（ただし、外国人口を除いた国民人口）』」

を決定基準とするものとする。｝

（二）

これに対して、「本稿」においては、

1、「政治家や政党にとっての有利不利・利害損得・党利党略的都合や政治力学・時事状況」とはいっさい無関係に、

2、『**理念的視点**』としての

イ、「選挙・議員・有権者に関する原理的な意味と相関」とりわけ国民（有権者）における「選挙を介して国政の主人・主権者としての権利権能を最大限に確立し活用する」にはどんな制度にすればよいか。

ロ、「主権者である国民」にとってどのような選挙制度（定数区割り制度）が「『その民意の公平正確な反映』や『優れた政見政策の選択』『卓越した政治家の選出』および『良好なる政党政治の形成』およびまた『国民における公平公正な政治的利益権益の分配と享受』」のために最善最適であるか。

を第一義的に考究することにより、

3、「人口基準論」に加えて新たに

イ、『**距離基準論**（厳密には「**距離＝面積の平方根**」基準論）』。

すなわち後述する

ロ、「**【立法権力活用権（議員接触機会）の対等性】**の実現を果たすべく『**都道府県や各選挙区における面積**（面積の平方根値としての「**距離**」）』もまた定数区割り決定要因とする論」。

を導入し、

4、「『**人口基準論**』と『**距離基準論**』の双方の基準論の主張趣旨」を「**融合させ両立させる**」ことによって、以下に、

イ、「（大・中・小選挙区制選挙のいずれに対しても適用可能な）選挙区制選挙における定数と区割りを決定する『**数公式的基準**』」となるべき

＊＊

【両立積式議員定数決定方式】。

＊＊

を提言してみたい。

〔**注1**。筆者は、「衆議院選における選挙区制選挙に係る選挙制度は『定数を2～5名とする中選挙区制度』が適当である」と考えるが、「本稿」においては「現制度としての

『定数を1名とする小選挙区制度』」を適用考察対象とする。｝

｛**注2。【両立積式議員定数決定方式】**は、

1、「大選挙区制度（議員数おおむね5名以上）・中選挙区制度（議員数2～5名程度）・小選挙区制度（議員数1名）」のいずれの規模の選挙区制度にも適用可能の『**議員定数決定方式**』であるのみならず、

2、「都道府県内の各選挙区の『**区割り決定**』」に際してもその「都道府県内市区町村のそれぞれにおける『**人口**』と『**面積**（面積の平方根値としての「**距離**」）の値』」を決定基準値として適用可能な『**区割り決定方式**』である。

3、「地方議会議員選挙としての『都道府県議会議員選挙・市区町村議会議員選挙』における定数と区割り」を決定する場合においても、「国政選挙」の場合と同様にその『適用』が可能である。｝

『6』

なお、現行の衆議院選小選挙区制度における『**一人別枠方式**』に関しては、

1、「（都道府県別）議員定数決定に際して人口比例方式のみの適用では大都市部にばかり議員が集中して人口の少ない地方県の議員が少なくなり過ぎる。それでは過疎地域に対

する立法措置や予算配分等の政治的配慮が及ばなくなる恐れがある」

との趣旨を主因とし、さらには

「単純に人口比例とすれば『中選挙区制度時代に比して議員数を削減されることとなる地方選出議員側において増大すること必至の抵抗と反発』にも配慮して制定された『過疎地域・地方選出議員対策としての選挙方式』」

ではあるが、

2、「過疎県にのみ1議席を優先配分する」のならともかく「人口規模・面積規模を無視して全都道府県に一律に1議席を配分する」というのであれば「過疎地域ではない東京や大阪・神奈川に1議席を配分すること」は完全に無意味であり、

「過疎地域・地方議員対策という設定目的の合理性・正当性」は成立しない。

3、2における理由から、「(前述の最高裁判決でも指摘されているように)司法段階におけるほぼ統一的な解釈・見解」として「同方式は一票の格差を発生させる根本的原因で〝違憲(2011年3月の最高裁判決)〟」とされており、

4、筆者もまたその合理性・妥当性・適格性には「疑義」を呈するものであり、過疎地域対策としては後述する

「『**立法権力活用権**(**議員接触機会**)**の対等性**』の実現目的を根拠とする**【距離基準論】**

方式」によって代替されるべきものと考える。

二、「立法権力形成権」と「立法権力活用権」に関する考察

『1』

国民が「国家政治にかかわる『主権者』として『**国家立法権力**』に関与すべく保有し行使する政治的権利」には、イ、**【立法権力形成権】**と**【立法権力活用権】**の二種の政治的権利。が存在するが、

「それぞれの政治的権利と『**議員定数**』の関係」については、以下の『2』〜『3』のとおりである。

『2』

（イ）

「『**立法権力形成権**』と『**議員定数**』の関係」については、以下の（ロ）～（ハ）のとおりである。

（ロ）

「すべての国民（選挙有権者。以下同）」は、

1、「国家政治にかかわる主権者」として、

イ、「国家立法権力の形成に関与するその権利と資格」すなわち【**立法権力形成権**】。

において、それぞれ「**相互に対等同一な権利と資格**」を保有している。

2、したがって、国民においては、「国会議員選挙において『**国家立法権力の形成者・体現者である国会議員**』を選出する」に際しては、

イ、「その選出のための機能」としての【**議員選出機能**】。

において、それぞれ

『**相互に対等同一な機能**』

が保障されてしかるべきである。

3、したがってまた、「国民が国会議員選挙において候補者に対する支持投票を行なう」に際しては、

イ、国民のそれぞれにおいて保障されるべきその【**立法権力形成権の対等性＝議員選出**

機能の対等性】。

を理由として、そのいわゆる

ロ、『**一票の価値**（選挙区における議員定数を人口で割った値の相互比較によって示される各選挙区の選挙有権者における国会議員選出のための機能価値）』。

は、「いずれの選挙区の選挙有権者においても『**対等同一**』」であるべきである。

（ハ）

すなわちまた、国民が「国家政治にかかわる主権者」として、

1、「『国家立法権力の形成（国会議員の選出）』に『**相互に対等同一である関与**』を成し遂げうる」ためには、

2、国民のそれぞれに保障されるべき

【立法権力形成権対等原則】すなわち『**立法権力形成権の対等性＝議員選出機能の対等性**』の原則」

に従い、

3、「**各選挙区における議員定数**」は、

「**【各選挙区の人口】に正比例**」して決定されるべきである。

『3』

（イ）

「**『立法権力活用権』**と**『議員定数』**の関係」については、以下の（ロ）～（ホ）のとおりである。

（ロ）

一方、すべての国民は、

1、「国家政治にかかわる主権者」として、

イ、「国家政治の運営によって生じる**『公共的な政治的利益権益』**すなわち『思想的理想の実現や民生的福利の保障と確立および制度的実利的利益の獲得等の成果』」を享受する権利と資格。

においてもまた、それぞれ**『相互に対等同一な権利と資格』**を保有しており、

2、「国民が享受すべきこの『国家政治の運営によって生じる公共的な政治的利益権益』」は、

イ、国民のそれぞれがその「政治的願望や政治的主張」を国政の場において具体的に実現すること。

によって発生し、

3、かつ、「国民におけるその政治的願望や政治的主張の国政の場における『具体的な実現』」は、一般的には、

イ、国民が「みずから選出した**【みずからの政治的意思の代表者・被委託者である国会議員】**」に対して『**その実現のための主張や訴えや働きかけ**』を実際的に行ない、

ロ、「この主張や訴えや働きかけを受けた当該の国会議員」がその実現のための『**法律制定や制度整備・予算配分等の議員活動・政治活動**』を実際的に行なうこと。

によって「間接的に」成し遂げられる。

（ハ）

したがって、国民が「国家政治にかかわる主権者」として、

1、「国家政治の運営によって生じる公共的な政治的利益権益の『**相互に対等同一である享受**』を成し遂げる」ためには、すなわち、

「その『みずからが幸せになるための政治的願望や政治的主張』の『国政の場における具体的な実現』を『**相互に対等同一に成し遂げうる**』」

ためには、

2、国民のそれぞれにおいては、

イ、「『国会議員』すなわち『**国家立法権力の形成者・体現者**』およびまた『**みずからの政治的意思の代表者・被委託者**』をその政治的願望や政治的主張の実現のために『**活用する権利と資格**』」すなわち【**立法権力活用権**】。

においてそれぞれ

『**相互に対等同一な権利と資格**』

が保障されてしかるべきであり、

3、具体的には、

イ、国会議員に対して「その実現のための主張や訴えや働きかけ」を実際的に行なう機会。

ロ、すなわち『**国会議員との物理的接触機会**（**面会会合機会**）』すなわちまた【**議員接触機会**】。

においてそれぞれ『**相互に対等同一な権利と資格**』が保障されてしかるべきである。

（二）

ここにおいて、各選挙区の選挙有権者における『**国会議員との物理的接触機会**（**面会会合機会**）』は、おおむね、

＊　＊　＊

1、「**選挙区の議員定数に正比例**」する。
すなわち、選挙区の議員定数が多ければ多いほどこの物理的接触機会は増大する。
2、「**選挙区の面積に反比例**」する。
すなわち、選挙区の面積が広ければ広いほどこの物理的接触機会は減少する。
3、また、「選挙区の面積にかかわるこの物理的接触機会の大小」は、概略的には、
イ、「選挙有権者と国会議員とのその『出会い（面会や会合等）』のための『**時間と費用**』」の大小。
によって反比例的に決定され、
4、かつ、「この出会いのための時間と費用の大小」は、概略的には、
イ、「選挙有権者と国会議員との間における『**物理的距離**（模式的には選挙有権者の居住地と国会議員地元事務所や双方の会合場所との距離）』」の大小。
によって正比例的に決定され、
5、かつまた、「各選挙区の全選挙有権者におけるこの『**物理的距離の平均値の大小**』」は、概略的には、
イ、「選挙区の模式的面形状が正方形形状である」として「その『**辺**（**距離**）**の二乗**』が『**面積**』であるという物理的事実」から

【各選挙区の面積の「平方根」】。
によって正比例的に決定される。

＊　＊　＊

（ホ）

すなわちまた、国民が「国家政治にかかわる主権者」として、

1、「国家政治の運営によって生じる公共的な政治的利益権益の『**相互に対等同一である享受**』を成し遂げうる」ためには、

2、国民のそれぞれに保障されるべき**「【立法権力活用権対等原則】**すなわち『**立法権力活用権の対等性＝議員接触機会の対等性**』の原則」に従い、

3、「**各選挙区における議員定数**」は、「**【各選挙区の面積の平方根】に正比例**」して決定されるべきである。

『4』

〔注1。
1、**【立法権力活用権】**は、現在時点（2022年時点）では、
イ、「政界（政党・国会議員）・法曹界（裁判官・弁護士）のみならず報道機関（新聞・テレビの論説員・解説者）・政治系知識人（政治学者・政治評論家・政治ジャーナリスト・コメンテーター等）・一般識者」等のすべての国民。
において〝未発見・未創造〟の「新しい権利概念・権利思想」であり、
2、**【両立積式議員定数決定方式】**において初めて「**権利化・価値化・権威化**」される「**新しい政治的権利・政治的権利思想**」である。〕

〔注2。
1、「**政治**」とは、国民にとっての「**幸せ探しの営み**」であり、国民は幸せになりたくて政治を営むものであり、国民が政治を介して幸せになるためには「ただ幸せになりたいと思っているだけ」では幸せにはなれず、「自分たちと同じ考えを持った代表者」を国政の場に送り込み、この「代表者の活動」によって「現実の政治を自分たちの幸せを実現するように動かすこと」が必要である。
2、このためには「自分たちの代表者を選挙を介して国会議員とすること」が絶対的に必要であるが、国会議員を選び出しさえすれば国民は幸せになれるわけではなく、

その国会議員と可能な限り触れ合い自分たちが幸せになれるように頼み事をし、議員の側も「（いわゆるドブ板を踏んで）支持者や選挙民の声を聞き入れて議員活動に励み法律を作ったり制度を整えたり予算を配ったりすることでその幸せを実現させること」が必要である。

3、「以上の1・2」が「**政治の営みの本質**」であるが、

イ、「政界・法曹界・報道機関・政治関係知識人の諸賢」がこれまで「議員定数に係る選挙制度の方式」を考えるべく『立法権力形成権（一票の価値）のみ』に固執し**【立法権力活用権】**に〝**想到**〟し得なかった。

のは、「諸賢」がこの

ロ、「1・2の意味」とりわけ『2の意味』すなわち『**政治がなんでありなにをする営みであるかという根幹的意味**』。

ハ、すなわちまた、「**政治**」とは、「国民が『選挙制度』を介して『**幸せ**』を追求し実現する営みである」という「**政治と選挙に係る根幹原理**」。

が「完全なまでに分かっていなかった」すなわち「『価値化・権威化・制度化』するまでに理解できていなかった」からと言わざるをえない。｝

｛**注3。**

1、国民間においては「弁護士グループの主導による『一人一票を実現しようとする運動』」も存在し、また、近年における司法（高裁・最高裁の裁判官）の判断としては「一票の価値格差二倍以内にこだわる傾向」も見られるようになったが、

2、これらの「諸賢」における〝**これらの判断の過ち**〟は、

イ、「一人一票の主張の正当性」を信じ込みのめり込むあまり「数値にのみ〝唯一価値的にこだわる〟という当該の主張に係る偏執的視野狭窄」を起こし「国民が幸せになるために行なうのが政治や選挙の本質的営みであるという原理的事実」に思念思考を及ぼすことができなくなっているカルト宗教的心理状況が産み出した過ち。

と言わざるをえない。

3、筆者が「当該諸賢のこの〝過ちある主張〟」を（悪意があるわけではないが）「『悪弊政治宗教』『**政界邪教・一票の価値平等教**』」と揶揄する所以である。｝

『5』

なお、「【立法権力形成権】【立法権力活用権】【議員選出機能】【議員接触機会】の定義」に関しては、以下のとおりである。

＊　＊　＊

【立法権力形成権】とは、

【国民が「国家政治にかかわる主権者」として「国家立法権力に関与すべく保有し行使する政治的権利」の一で、

1、国民が国会議員選挙において「国家立法権力の形成者・体現者である国会議員」を選出する政治的権利。】

をいい、

【立法権力活用権】とは、

【国民が「国家政治にかかわる主権者」として「国家立法権力に関与すべく保有し行使する政治的権利」の一で、

1、国民が「国家立法権力の形成者・体現者である国会議員」に対して「国家政治の運営によって生じる公共的な政治的利益権益を享受するための『法律制定・制度整備・予算獲得』等の主張や訴えや働きかけ」を行ない、もって「当該の政治的利益権益」を享受する政治的権利。】

をいい、

【議員選出機能】とは、

【国民がその保有する「主権者権利の一としての『立法権力形成権』」に基づいて保有し

郵 便 は が き

料金受取人払郵便

新宿局承認

1289

差出有効期間
2024年12月
24日まで

160-8792

182

東京都新宿区
四谷4−28−20

(株) たま出版

ご愛読者カード係行

ご購入書籍名			
ご購入書店名	都道府県 市区郡 書店		
ふりがな お名前		大正 昭和 平成 年生 歳	
ご住所	〒		
TEL		性別 男・女・その他	
Eメール			

(ブックサービスご利用の際は必ず電話番号をご記入下さい)

たま出版の本をお買い求めいただきありがとうございます。

この愛読者カードは今後の小社出版の企画およびイベント等の資料として役立たせていただきます。

本書についてのご意見、ご感想をお聞かせ下さい。
小社の目録や新刊情報はhttp://www.tamabook.comに出ていますが、コンピュータを使っていないので目録を　希望する　いらない
お客様の研究成果やお考えを出版してみたいというお気持ちはありますか。 ある　ない　内容・テーマ（　）
「ある」場合、小社の担当者から出版のご案内が必要ですか。 希望する　希望しない

ご協力ありがとうございました。


〈ブックサービスのご案内〉

小社書籍の直接販売を料金着払いの宅急便サービスにて承っております。ご購入希望がございましたら下の欄に書名と冊数をお書きの上ご返送下さい。その際、本ハガキ表面の電話番号を必ずご記入下さい。

ご注文書名	冊数	ご注文書名	冊数
	冊		冊
	冊		冊

行使する具体的な政治的機能で、

1、国民が国会議員選挙において「国家立法権力の形成者・体現者である国会議員」を選出する政治的機能。】

をいい、

【**議員接触機会**】とは、

【国民がその保有する「主権者権利の一としての『立法権力活用権』」に基づいて保有し活用する具体的な政治的機会で、

1、国民が「国家立法権力の形成者・体現者である国会議員」に対して「国家政治の運営によって生じる公共的な政治的利益権益を享受するための『法律制定・制度整備・予算獲得』等の主張や訴えや働きかけ」を行なうために物理的に接触する（面会しもしくは会合する）政治的機会。】

をいう。

＊　＊　＊

『6』

（イ）

『1』～『5』における考察と主張」に従い、
1、新しく採択されるべき『**客観的議員定数決定基準**』は、
イ、「国民が保有し主張し行使すべき政治的権利としての『**立法権力形成権**』と『**立法権力活用権**』の両権利」を「数公式内に融合的かつ両立的に取り入れる」ことによって形成される『**決定基準**』。
であるべきであり、
2、「この条件を満たす前提となるべき新しい『**議員定数決定公式**』」としての

＊＊

【両立積式議員定数決定公式】

＊＊

の「**定義**」に関しては、以下のとおりとなる。

＊＊＊

【両立積式議員定数決定公式】とは、
【「選挙区制選挙において『各選挙区における議員定数』を決定するための決定基準として定められた『数公式』」で、

（1）

1、選挙有権者のそれぞれに対して、相互に、

イ、『**立法権力形成権の対等性**』すなわち『議員選出機能の対等性』すなわちまた「選挙区制選挙において議員を選出するに際してのその『選出機能（一票の価値）』における最高度の対等性」。

および、

ロ、『**立法権力活用権の対等性**』すなわち『議員接触機会の対等性』すなわちまた「選挙区選出議員との『物理的接触機会（面会会合機会）』における最高度の対等性」。

の双方の権利的対等性を両立的に保障し、

2、選挙有権者が「政治にかかわる主権者」として成し遂げるべき

イ、「立法権力の形成（議員選出）」に対する『**相互に対等同一である関与**』。

および、

ロ、「『政治の運営によって生じる公共的な政治的利益権益』すなわち『思想的理想の実現や民生的福利の保障と確立および制度的実利的利益の獲得等の成果』」に対する『**相互に対等同一である享受**』。

のそれぞれを「恒常的両立的かつ最高度的に成し遂げること」を可能とする数公式と

しての
（2）
「各選挙区において実現されるべき『人口値比例による立法権力形成権の対等性保障』と『面積の平方根値（距離値）比例による立法権力活用権の対等性保障』」の双方の権利保障趣意を融合的に数公式化した
『当該選挙区の議員定数＝議員総定数×当該選挙区の両立積｛当該選挙区の人口×（面積の平方根）｝÷**両立積総和**（全選挙区の両立積の総和）』
とする数公式。
（3）
すなわち、選挙区がA・B・C……Xの各選挙区である場合で、
イ、A・B・C……Xの各選挙区における「**人口**」がそれぞれ Pa・Pb・Pc ……Px 。
ロ、A・B・C……Xの各選挙区における「**面積**」がそれぞれ Wa・Wb・Wc …… Wx 。
ハ、選挙区選出議員総定数が「Nt」。
であるならば、
『**A選挙区における議員定数**「**Na**」』は、
『$Na=Nt\times(Pa\sqrt{Wa})\div(Pa\sqrt{Wa}+Pb\sqrt{Wb}+Pc\sqrt{Wc}+\cdots\cdots+Px\sqrt{Wx})$』

とする数公式。】

をいう。

＊　＊　＊

（ロ）

「『**両立積式議員定数決定公式**』において使用される用語・概念としての『**両立積**』『**両立積総和**』の定義」に関しては、以下のとおりである。

＊　＊

【**両立積**】とは、

【「『両立積式議員定数決定公式』において使用される用語・概念」で、「当該選挙区の人口値」と「当該選挙区の面積の平方根値」の『積』としての値。】

をいい、

【**両立積総和**】とは、

【「『両立積式議員定数決定公式』において使用される用語・概念」で、「全選挙区における両立積の総和」としての値。】

をいう。

＊＊

（ハ）

｛注。

1、「**【両立積式議員定数決定公式】**における一般的適用事例」は、『**都道府県別国会議員定数算出式**』としてであり、

2、したがって、（本稿においては）「定義内の『**選挙区**』の実際的適用区域」は、「都道府県」とする。｝

（ニ）

なお、

1、「『Na』の計算値すなわち**【定数原値】**」は、「小数点以下の端数からなる非整数値」となるが、

2、もとより『**議員定数**』は、

イ、（後述する）「四、『両立積式議員定数決定方式』の実際的適用」の『2』の（ハ）における『**第一～第六数値処理原則**』。

に従っての「**整数値**」とする。

（ホ）

「**【両立積式議員定数決定公式】**に従っての**【両立積式議員定数決定方式】**の定義」に関しては、以下のとおりである。

＊＊＊

【両立積式議員定数決定方式】とは、

【「選挙区制選挙における各選挙区の議員定数を決定する方法としての『議員定数決定方式』」の一で、

1、「全選挙区および各選挙区における『人口』と『面積』を算定基準数値とすることにより『各選挙区における議員定数』を決定する数公式」としての

イ、『**両立積式議員定数決定公式**』。

すなわち、

ロ、「各選挙区において実現されるべき『人口値比例による立法権力形成権の対等性保障』と『面積の平方根値（距離値）比例による立法権力活用権の対等性保障』」の双方の権利保障趣意を融合的に数公式化した

『当該選挙区の議員定数＝議員総定数×当該選挙区の両立積｛当該選挙区の人口×（面積の平方根）｝÷両立積総和（全選挙区の両立積の総和）』

とする数公式。

に基づき「各選挙区における議員定数」を決定することにより、

2、選挙有権者のそれぞれに対して、相互に、

イ、『**立法権力形成権の対等性**』すなわち『議員選出機能の対等性』すなわちまた「選挙区制選挙において議員を選出するに際してのその『選出機能（一票の価値）』における最高度の対等性」。

および、

ロ、『**立法権力活用権の対等性**』すなわち『議員接触機会の対等性』すなわちまた「選挙区選出議員との『物理的接触機会（面会会合機会）』における最高度の対等性」。

の双方の権利的対等性を両立的に保障し、

3、選挙有権者が「政治にかかわる主権者」として成し遂げるべき

イ、「立法権力の形成（議員選出）」に対する『**相互に対等同一である関与**』。

および、

ロ、「『政治の運営によって生じる公共的な政治的利益権益』すなわち『思想的理想の実現や民生的福利の保障と確立および制度的実利的利益の獲得等の成果』」に対する『**相互に対等同一である享受**』。

のそれぞれを「恒常的両立的かつ最高度的に成し遂げること」を可能とする

4、議員定数決定方式。】

をいう。

＊　＊　＊

三、【両立積式議員定数決定方式】の解説

『1』

（イ）

【両立積式議員定数決定方式】すなわちまた**【両立積方式】**（**竹本方式**）を定めるに際して、「まず最初に確認しておかねばならない事実」は、

1、『**選挙制度**（定数区割り決定制度）』というものは、「政治家や政党の都合」によって決定されるのではなく、なによりも

『**国政の主人・主権者である国民の都合**』によって決定されねばならない。

2、すなわち、「政治家や政党にとっての有利不利・利害損得・党利党略的都合や政治力学・時事状況」とはいっさい無関係に

イ、「主権者である国民にとってどのような選挙制度が『その民意の公平正確な反映』や『優れた政見政策の選択』『卓越した政治家の選出』および『良好なる政党政治の形成』およびまた『国民における公平公正な政治的利益権益の分配と享受』のために最善最適であるか」の『**理念的視点**』。

に立ってのみ決定されねばならない。

ということであるが、

（ロ）

次いで問題とされねばならない事実は、「国民＝有権者」には大別して、

イ、**都市型有権者**＝人口密度と交通利便性の大である地区域に住む有権者。

ロ、**地方型有権者**＝人口密度と交通利便性の小である地区域に住む有権者。

の二種の有権者がいるという事実である。

｛もとより都市型有権者と地方型有権者の**中間型有権者**とでもいうべき「人口密度と交通利便性がともに大ならず小ならずの地区域に住む有権者」も多数いるが、本稿では「議員定数の決定に関する論旨の明確化」のためにこの中間型有権者に対する考察は省略するものとする。｝

（ハ）

ここで、２０１２年１１月に「衆院選に適用される格差是正作業としての『０増５減案』」が成立した理由は、

「２０１０年国勢調査」において「人口最少選挙区（高知３区・２４．１万人）と人口最多選挙区（千葉４区・６０．９万人）との人口比格差が２．５２倍（有権者比格差２．４３倍）」となり、

とりわけ大都市有権者において

「同じ国民同じ納税者なのに自分たちの『**一票の価値**』は地方有権者の半分以下とは不公平にして冷遇極まりない。そもそもこの状態は憲法第１４条に定める『**法の下の平等**』に反しているし、ヒドイじゃないか」

との不満が高まったからであるが、

１、「この不満感の根底に在る思想」とは、

イ、『**立法権力形成権対等原則**（「**立法権力形成権の対等性＝議員選出機能の対等性**」の原則）』に従い各選挙区における議員定数は『**各選挙区の人口に正比例**』して決定されるべきである。

との考え、すなわち『**人口基準論**』である。

２、また、（既述したように）、この「人口基準論」をさらに強調して

「『人口完全比例論』すなわち全選挙区における『議員一人当たりの人口比率すなわち一票の価値』は『完全に1対1』とすべきであり、このためには都道府県や市区町村の境界（行政区画）を越えての区割りも行なうべきであるとの〝極論〟」を唱える議員・識者もいる。

『2』

（イ）

ところが、「議員定数と区割りの決定」に際して、このような**「人口基準論**（人口完全比例論も含む）**のみを根拠とする考え**（**権利思想・権利判断・権利主張**）」は、（既述したように）

＊＊＊

1、『**有権者と国会議員の関係**』とは、たんに「選挙の時の選ぶ選ばれるだけの一時的相互関係（選びっぱなしで後は互いに無関係という関係）」で終わるものではなく、

2、選挙後の任期期間のみならず議員生活全期間において成立すべき

イ、有権者が議員に対して「国家政治の運営によって生じる公共的な政治的利益権益」

すなわち『思想的理想の実現や民生的福利の保障と確立および制度的実利的利益の獲得等の成果』を享受するための主張や訴えや働きかけを行なうために『**双方が物理的に接触する関係**』。

ロ、双方が面会し会合し対話し

すなわち、

「有権者が議員に対して生活状況を訴えたり（みずからを幸せとする）相当の法律制定・制度整備・予算獲得等に係る要請・陳情もしくは抗議を行なう等の関係」

および

「議員が有権者に対して生活状況を尋ねたり（有権者を幸せとする）相当の法律制定・制度整備・予算獲得等に係る要望を聞いたり関連の説明を行なったりしながら現実の議員活動・政治活動でこれに応える等の関係」。

もまた重要な相互関係であり、

3、この

イ、有権者が「政治家（議員）すなわち『**立法権力者**』」に接触し『**その政治的力を活用**』して自分たちの公共的な政治的利益権益を得る権利。

すなわち、

ロ、**【立法権力活用権】**。

もまた有権者としての正当かつ重要な政治的権利である。

との事実。

4、すなわちまた、「国民（有権者）が『国家政治の運営によって生じる公共的な政治的利益権益』を享受するために保有し主張し行使すべき『**主権者としての権利権能**（主権力）』」の実相実態。

＊　＊　＊

に対する思慮や認識理解の及ばない「**無知未熟にして不完全な考え**（権利思想・権利判断・権利主張）」であるにほかならない。

『3』

（イ）

すなわち、仮に『**人口基準論・人口比例方式≒アダムズ方式**』のみに従って「都道府県単位での議員定数の決定」を（「2020年国勢調査値」に準拠して）

「『**都道府県の議員定数＝都道府県の人口÷全国の総人口**』との数式」

に従って行なうとしたら、

例えば、
イ、「大都市地区域」としての**東京・大阪**。
ロ、「地方地区域」としての**岩手・鳥取**。
における
「人口・面積」『**議員数**』「議員一人が担当する人口・面積」
に関しては、
東京＝「１４０１万人・２１９０平方キロ」『**３３名**』「４２万人・６６平方キロ」
大阪＝「８８１万人・１９１０平方キロ」『**２０名**』「４２万人・９６平方キロ」
岩手＝「１２０万人・１５２８０平方キロ」『**３名**』「４０万人・５０９０平方キロ」
鳥取＝「５５万人・３５１０平方キロ」『**１名**』「５５万人・３５１０平方キロ」
となり、
（ロ）
「**東京と岩手**」を比較してみた場合、
１、「議員一人当たりの人口比率では４２万人対４０万人」となって「一票の価値格差」はほぼ消滅することになるが、
２、一方で、「面積２１９０平方キロの〝狭小な東京〟に３３名の議員が〝うじゃうじゃひ

しめく〟」のに対して、「その7倍の面積15280平方キロの〝広大な岩手〟には〝たった3名の議員〟しかいない」こととなり、

3、「議員一人が担当する面積」を比較してみれば、

「『東京は2190÷33＝**66**平方キロ（8.**1キロ四方**）』対『岩手は15280÷3＝**5090**平方キロ（**71.3キロ四方**）』すなわち『**1対77**』」

というすさまじい〝**面積格差・議員粗密格差**〟が発生し、

（「面積の平方根＝距離」であるとの物理的事実から）「議員と有権者が接触し合うための『**距離格差**（**時間格差**）』」も

「**√77**＝8.8**倍**」

となり、

4、「岩手」では、選挙の時には立候補者は「**東京の77倍もの広大な地域**」を走り回らねばならず、

日常的にも有権者と議員が陳情や会合等で会うために車を使う場合には「**東京の8倍・9倍もの時間とガソリン代**」を支払わねばならないこととなる。

（ハ）

1、当然、「**地方有権者**（岩手県民）」における

＊＊＊

イ、議員が人口数も多く人口密度も高い東京圏や大阪・愛知・福岡といった大都市地域にばっかり集中して自分たちのまわりからいなくなってしまう。そうなったら議員に陳情や抗議に行くことがいっそう困難になる。

ロ、「国会議員」というものが『**国民の政治的意思の代表者・被委託者**』であり、「国民は『選挙』に際しては〝その当然の絶対的事実〟として、『**みずからの幸せ**』を求めて、すなわち『思想的理想の実現や民生的福利の保障と確立および制度的実利的利益の獲得等の政治的利益権益を得ること』を目的として国会議員を選出する」のが「選挙の実相・実態」である以上、国民にとっては、「みずからの生活状況や願望等に基づき『これらの政治的利益権益を享受するための主張や訴えや働きかけ』を行なうために自分たちが選んだ議員と対話したり要請陳情したり抗議したりと『**物理的に接触する行為**』」もまた『**主権者としての正当かつ自然当然にして重要な政治的権利行為**』ではないか。

ハ、そもそも「会合であれ陳情であれ抗議であれ都会の有権者は議員に会いに行くのに車で5分10分も走れば事務所へでも会合場所へでも簡単気楽に行ける」のに「自分たちは1時間2時間もそれ以上もかけねばダメ」だなんてこんな〝**不利不公平な話**〟はない。

ニ、国民・有権者にとって

「『**政治**』とは『**幸せ探しの営み**』であり、『**議員**』とは『法律を定め社会制度を整え予算を配分するといった政治の実際的営み』を介して自分たちを『**幸せ**』にしてくれるための〝**救いの手**〟」

なのである。

ホ、したがって、もっと地方議員を増やして「政治家とのつながり」すなわち「幸せになるための『**救いの手**』」を身近なものにしてくれないとわれわれ地方の人間は結果的に「十分な予算配分も制度整備や法律制定」も受けられず

〝**政治的棄民**（**見捨てられた民・救いの手の届かない人々・忘れられた民衆**）〟

になってしまう。

との不平不満を高めることとなる。

＊　＊　＊

2、また、「**地方選出議員**（岩手県選出国会議員）」の側から考えても、

＊　＊　＊

イ、選挙運動時にしろ日常の議員活動時にしろ「選挙区内の住民や支持者・支援者に会いに行ったり地域の集会や会合やパーティに出席したり演説会・報告会を開催したりする」いずれの場合でも、

大都市の議員は車で5分10分程度もあれば楽に行けるのにわれわれ地方の議員は1時間も2時間も掛けて場合によっては「半日掛かり一日掛かりもの時間と費用」を負担しなければならない。

ロ、都道府県の面積が変わらない以上、その『**接触格差**』は地方県での議員の数が減れば減るほど酷くなる。

これでは経費的にも時間的体力的にも「大都市議員に比しての公平対等な政治活動」すなわち『**人々を幸せにする活動**』はできないではないか。

ハ、「**人口比例方式**〓**アダムズ方式**」だなんて〝**地方軽視無視も極まれりのとんでもない愚方式・ワル方式**〟だ。

＊　＊　＊

との「**言い分**」も十分なる正当性と説得性のある主張となるはずである。

（ハ）

この「地方有権者および地方選出国会議員の主張と要求に基づいて創案された新しい考

え」すなわちまた『**権利思想・権利判断・権利主張**』が、
1、「『**距離基準論**（厳密には「**距離＝面積の平方根**」基準論）』との考え」であり、
2、「**【立法権力活用権対等原則】**すなわち『立法権力活用権の対等性＝議員接触機会（面会会合機会）の対等性』の原則」に従い、
イ、「『各選挙区（都道府県）における議員定数』は『**各選挙区**（都道府県）**の面積の平方根値**』すなわち『**有権者と議員の物理的接触距離値**』に正比例して決定されるべきである」との考え（**権利思想・権利判断・権利主張**）。
である。

『4』
すなわちまた、**【両立積式議員定数決定方式】**とは、
（イ）
1、「主として『**大都市型有権者**＝人口密度と交通利便性の大である地区域に住む有権者』における主張と要求」としての
イ、国民が「国家政治にかかわる主権者」として「国家立法権力の形成（国会議員の選出）に『**相互に対等同一である関与**』を成し遂げうる」ためには、

ロ、国民のそれぞれに保障されるべき

「**【立法権力形成権対等原則】**　すなわち『**立法権力形成権の対等性＝議員選出機能の対等性**』の原則」

に従い、

ハ、「各選挙区（都道府県）における議員定数」は、

「『**各選挙区**（都道府県）**の人口**』に**正比例**」

して決定されるべきである。

2、「主として『**地方型有権者＝人口密度と交通利便性の小である地区域に住む有権者**』における主張と要求」としての

イ、国民が「国家政治にかかわる主権者」として「国家政治の運営によって生じる公共的な政治的利益権益の『**相互に対等同一である享受**』を成し遂げうる」ためには、

ロ、国民のそれぞれに保障されるべき

「**【立法権力活用権対等原則】**　すなわち『**立法権力活用権の対等性＝議員接触機会の対等性**』の原則」

に従い、

ハ、「各選挙区（都道府県）における議員定数」は、

「**『各選挙区**（都道府県）**の面積の平方根**（**距離**）**』**に**正比例**」

して決定されるべきである。

（ロ）

との双方の主張と要求を「**両立的に**」成立させるべく

1、「双方の主張と要求」を「各選挙区（都道府県）の『**人口値**』と『**面積の平方根値**（**距離値**）』という具体的な数値要素」に基づいて数公式内に「**融合的に**」すなわち

イ、「**双方の値の**『**積**』**の値**」すなわち『**両立積値**』。
として取り入れることによって形成された『**客観的議員定数決定基準**』であり、

2、その「各選挙区（都道府県）の議員定数」が「政党・政治家における利害得失や党利党略・政治力学・時事状況」とはいっさい無関係に

イ、「**直近の国勢調査の人口値と面積値**」という『**確定不動値**』。
に従い〝自動的機械的に〟決定される

【客観的議員定数決定基準】
なのである。

四、【両立積式議員定数決定方式】の実際的適用

『1』

（イ）

新しい『**議員定数決定方式**』を考案し提案提言できたとしても、ただたんに、「『**人口**』が基準になるのは当然としても『**選挙区の面積**』もまた考慮しないと議員が大都会にばっかり集中して地方議員が減ってしまう。したがって『**選挙区の人口と面積を融合的両立的に配慮したこんな数式・方式**』でどうだ」

と言ってみたところで、

「実際的数字としての主張」がないかぎり、また「数値的結果のイメージ」が湧かないかぎり、「議員や有権者に対する〝**説得力**〟はない」と言わざるをえない。

（ロ）

したがって、新しい『**議員定数決定方式**』の「議員や有権者に対する数式・方式としての〝説得力〟」を確保するためには、

1、その「数式としての公式」すなわち【**両立積式議員定数決定公式**】を使って、

イ、実際的に「**都道府県別議員定数の算出試算**」を行ない、国民が都道府県ごとの議員定数に関する具体的で明確な数値比較ができるように「都道府県別議員定数の『**数値表化**』」を行なってみること。

が必要であり、

2、その結果が

イ、「現議員定数決定方式」や「人口比例方式≒アダムズ方式」に比してより最大多数の国民がより最大量的に〝納得〟できる『**十分なる合理性と説得性**』。

を持っておれば、

3、その「事実」によって初めて

『**議員定数決定方式としての合理性・妥当性・適格性**』

が証明されたこととなる。

（ハ）

そこでこそ、

イ、その「**【両立積式議員定数決定公式】**に基づく都道府県別議員定数（衆議院小選挙区選出議員）の具体的数値の『**算出**』」を行なってみたのが、以下の『3の1』～『3の4』。
ロ、「『現議員定数決定方式』『**両立積式議員定数決定方式**』『人口比例方式≒アダムズ方式』の三種の決定方式の『**統計数値的比較**』」を行なってみたのが、以下の『4』～『5』。
ハ、「**【両立積式議員定数決定方式】**における議員定数決定方式としての『**意味と意義**』」を述べてみたのが、以下の『6』～『7』。
である。

『2』

（イ）

「衆議院小選挙区制における『**都道府県の定数決定**』」に**【両立積式議員定数決定公式】**としての

＊　＊

イ、**【**$Na=Nt\times(Pa\sqrt{Wa})\div(Pa\sqrt{Wa}+Pb\sqrt{Wb}+Pc\sqrt{Wc}+\cdots\cdots+Px\sqrt{Wx})$**】**。

すなわち、

ロ、**【都道府県の議員定数＝議員総定数×**（該当都道府県の）**両立積**÷（全都道府県の）**両立積総和】**。

すなわちまた、その「簡略表現」としての

ハ、【議員定数＝議員総定数×両立積÷両立積総和】。

＊　＊

を実際的に適用するに際しての「前提要件」に関しては、以下の（ロ）～（ハ）のとおりである。

（ロ）

1、「同公式の都道府県への『**適用除外地域**』」に関しては、

イ、「統計値としての突出した上下数値」の全体への適用は統計の活用趣旨を歪め誤った結論を導くものである。

したがって「他の都府県に比して面積値の突出する『**面積超広大地区域としての北海道**（7万8千平方キロと第2位の岩手の1万5千平方キロの5倍もある）』」は、「同公式の適用除外地区域」とする。

ロ、「長距離の空路・海路に頼らざるをえないという他の都道府県に比しての域内交通難

事情の特異性を有する『**離島広大地区域としての沖縄**』」は、「同公式の適用除外地区域」とする。

2、「1のイ・ロにおける事情」から、「同公式の『適用都府県』」は「北海道と沖縄を除く『**45都府県**』」とする。

（ハ）

「『都道府県別議員定数算出のための同公式の適用』に際しての『**数値処理原則**（第一〜**第六数値処理原則**）』」に関しては、以下の1〜6のとおりである。

＊　＊　＊

1、**第一数値処理原則**。

「47都道府県の選出議員総数は『300人』」とし、「面積超広大な特異地区域としての北海道には16人、離島広大な特異地区域としての沖縄には4人」を割り当てた後、「残る45都府県に『280人』」を割り当てるものとする。

2、**第二数値処理原則**。

『北海道と沖縄を除く45都府県の両立積総和』すなわち「『都府県ごとの人口×（面積の平方根）の値』の総和」すなわちまた「『Pa√Wa＋Pb√Wb＋Pc√Wc＋……＋

Px√「Wx」の値（単位＝百万人キロ平方）」は、「８４６０・百万人キロ平方」とする。

（注。２０２０年国勢調査に準拠しての計算値。厳密には「８４５８・百万人キロ平方」。）

３、**第三数値処理原則**。

「定数原値＝Na」が、

イ、「『５未満』の場合」の定数は、小数点以下を切り上げた「整数値」とし、

ロ、「『５以上』の場合」の定数は、小数点以下を四捨五入した「整数値」とし、

この数値処理の結果として算出される議員定数を『算出議員定数』と称する。

４、**第四数値処理原則**。

「４５都府県の算出議員定数の総定数」が、

イ、「２８０を超過した場合」は、「定数原値の上位都府県より順次超過定数に相当する都府県」において算出議員定数から「定数１」を減じ、

ロ、「２８０に不足した場合」は、「定数原値の上位都府県より順次不足定数に相当する都府県」において算出議員定数に「定数１」を加え、

もって「４５都府県の全定数を『２８０人』」に調整合致させるものとする。

５、**第五数値処理原則**。

「4における調整処理の結果として決定される議員定数」を『調整確定議員定数』と称し、この「調整確定議員定数」をもって「当該都府県の『議員定数』」とする。

6、**第六数値処理原則**。

「両立積式議員定数決定公式」の適用に際しての『人口値と面積値』は「直近の国勢調査に基づいて算出された値」を使用するものとし、かつ、「人口値」は『国民人口値』とする。

＊　＊　＊

『3の1』

（イ）

『以下の（ロ）の数表すなわち**【数表・1】**』は、

1、「筆者が**【両立積式議員定数決定公式】**に従い『2020年国勢調査に基づいての都道府県ごとの人口と面積』を数値的根拠として算出した数表」で、

イ、「後述の**【数表・2】**～**【数表・4】**における各数値」を算出するための『**衆議院選挙区制選挙都道府県別議員定数決定に関わる基礎数値表**』。

であり、

２、上段欄から

『「都道府県」「人口（万人）」「面積（１０平方キロ）」「面積平方根（キロ平方）」「両立積（百万人キロ平方）」「定数原値（人）」「算出議員定数（人）」「調整確定議員定数＝議員定数（人）」「議員一人当たりの人口（万人）」「議員一人当たりの面積（１０平方キロ）」の各数値』

となる。

（ロ）

＊＊＊

【数表・１】（**定数原値＝２８０×両立積÷８４６０**）（**総人口１２６００万人**）

北海・５１８・７８４２・２８０・１４５０・・１６・３２・４９０・
青森・１２２・９６５・９８・１２０・**３．９７**・**４**・**４**・３１・２４１・
岩手・１２０・１５２８・１２４・１４９・**４．９３**・**５**・**５**・２４・３０６・
秋田・９４・１１６４・１０８・１０２・**３．３８**・**４**・**４**・２４・２９１・
宮城・２２９・７２８・８５・１９５・**６．４５**・**６**・**６**・３８・１２１・
山形・１０５・９３２・９７・１０２・**３．３８**・**４**・**４**・２６・２３３・
福島・１８１・１３７８・１１７・２１２・**７．０２**・**７**・**７**・２６・１９７・

新潟・218・1258・112・244・8.08・8・7・31・180・
茨城・285・610・78・222・7.35・7・7・41・87・
栃木・192・641・80・154・5.10・5・5・38・128・
群馬・193・636・80・154・5.10・5・5・39・127・
埼玉・734・380・62・455・15.1・15・14・52・27・
東京・1401・219・47・658・21.8・22・21・67・10・
千葉・628・516・72・452・15.0・15・14・45・37・
神奈・924・242・49・453・15.0・15・14・66・17・
長野・203・1356・116・235・7.78・8・8・25・170・
山梨・81・447・67・54・1.79・2・2・41・224・
静岡・361・778・88・318・10.5・11・10・36・78・
富山・103・425・65・70・2.32・3・3・34・142・
岐阜・196・1062・103・202・6.69・7・7・28・152・
愛知・752・517・72・541・17.9・18・17・44・30・
石川・113・419・65・73・2.42・3・3・38・140・
福井・76・419・65・49・1.62・2・2・38・210・

三重・176・578・76・134・4.43・5・5・35・116・
滋賀・141・402・63・89・2.95・3・3・47・134・
奈良・132・369・61・81・2.68・3・3・44・123・
京都・256・461・68・174・5.76・6・6・43・77・
大阪・881・191・44・388・12.8・13・12・73・16・
兵庫・543・840・92・500・16.5・17・16・34・53・
和歌・91・472・69・63・2.09・3・3・30・157・
鳥取・55・351・59・32・1.06・2・2・28・176・
島根・66・671・82・54・1.79・2・2・33・336・
岡山・188・711・84・158・5.23・5・5・38・142・
広島・278・848・92・256・8.47・8・7・40・121・
山口・133・611・78・104・3.44・4・4・33・153・
香川・94・188・43・40・1.32・2・2・47・94・
徳島・71・415・64・45・1.49・2・2・36・208・
愛媛・132・568・75・99・3.28・4・4・33・142・
高知・68・710・84・57・1.89・2・2・34・355・

福岡・512・499・71・364・**12.0**・**12**・**11**・47・45・
大分・111・634・80・89・**2.95**・**3**・**3**・37・211・
宮崎・106・774・88・93・**3.08**・**4**・**4**・27・194・
佐賀・81・244・49・40・**1.32**・**2**・**2**・41・122・
長崎・130・413・64・83・**2.75**・**3**・**3**・43・138・
熊本・173・741・86・149・**4.93**・**5**・**5**・35・148・
鹿児・158・919・96・152・**5.03**・**5**・**5**・32・184・
沖縄・147・228・48・71・・**4**・37・57・

＊＊＊

（ハ）

【数表・1】における『**都道府県の議員定数決定例**』としての

1、「『**東京都**（1401・2190）』『**岩手県**（120・15280）』『**京都府**（256・4610）』『**鳥取県**（55・3510）』（上段は人口＝万人、下段は面積＝平方キロ）の地区域における『**議員定数算出式**』と『**算出議員定数**』『**調整確定議員定数＝議員定数**』」

に関しては、それぞれ以下の**イ～ニ**のとおりである。

（ただし、北海道に16議席・沖縄に4議席を当てて「計300議席」とする。）

イ、**東京都**の議員定数＝（議員総定数・280）×｛両立積＝（人口・1401）×（面積の平方根・√2190＝47）＝**658**｝÷（両立積総和・8460）＝（定数原値＝**21．8**）。

したがって「算出議員定数＝22」『調整確定議員定数＝**21**』。

ロ、**岩手県**の議員定数＝**280**×｛120×（√15280＝124）＝**149**｝÷8460＝**4．93**。

したがって「算出議員定数＝5」『調整確定議員定数＝**5**』。

ハ、**京都府**の議員定数＝**280**×｛256×（√4610＝68）＝**174**｝÷8460＝**5．76**。

したがって「算出議員定数＝6」『調整確定議員定数＝**6**』。

ニ、**鳥取県**の議員定数＝**280**×｛55×（√3510＝59）＝**32**｝÷8460＝**1．06**。

したがって「算出議員定数＝2」『調整確定議員定数＝**2**』。

『3の2』

（イ）

「以下の（ロ）の数表すなわち**【数表・2】**」は、

1、「現議員定数決定方式」「両立積式議員定数決定方式」「人口比例方式≒アダムズ方式」の三方式による「47都道府県におけるそれぞれの『**議員定数**』」を表した数表である。

2、ただし、

イ、上段の数値は、「現議員定数決定方式」による議員定数（289名）。

ロ、中段の数値は、「両立積式議員定数決定方式」すなわち「『都道府県議員定数＝議員総定数×都道府県両立積÷両立積総和』との数公式」による議員定数（300名）。

ハ、下段の数値は、「アダムズ方式≒人口比例方式」すなわち「『都道府県議員定数＝議員総定数×都道府県人口÷国民総人口』との数公式」による議員定数（300名）。

とする。

（ロ）

＊＊＊

【数表・2】

「北海・12・16・12」「青森・3・4・3」「岩手・3・5・3」

「秋田・3・4・2」「宮城・6・6・6」「山形・3・4・3」

「福島・5・**7**・4」「新潟・6・**7**・5」「茨城・7・**7**・7」
「栃木・5・**5**・5」「群馬・5・**5**・5」「埼玉・15・**14**・17」
「東京・25・**21**・33」「千葉・13・**14**・15」「神奈・18・**14**・21」
「長野・5・**8**・5」「山梨・2・**2**・2」「静岡・8・**10**・9」
「富山・3・**3**・2」「岐阜・5・**7**・5」「愛知・15・**17**・17」
「石川・3・**3**・3」「福井・2・**2**・2」「三重・4・**5**・4」
「滋賀・4・**3**・4」「奈良・3・**3**・3」「京都・6・**6**・6」
「大阪・19・**12**・20」「和歌・3・**3**・2」「兵庫・12・**16**・13」
「鳥取・2・**2**・1」「島根・2・**2**・2」「岡山・5・**5**・5」
「広島・7・**7**・7」「山口・4・**4**・3」「香川・3・**2**・2」
「徳島・2・**2**・2」「愛媛・4・**4**・3」「高知・2・**2**・2」
「福岡・11・**11**・12」「大分・3・**3**・3」「宮崎・3・**4**・3」
「佐賀・2・**2**・2」「長崎・4・**3**・3」「熊本・4・**5**・4」
「鹿児・4・**5**・4」「沖縄・4・**4**・4」

＊＊＊

（八）

ただし、
1、「『現議員定数決定方式』における算出方法」は、「一人別枠方式」を前提とするものの「算出式そのもの」は存在せず、その算出基準は不明（不確定的）である。
2、「『両立積式議員定数決定方式』における算出方法」は、「『3の1』の（ハ）の算出方法」のとおりである。
3、「『人口比例方式≑アダムズ方式』における算出方法」は、以下のとおりである。
イ、**東京都**の議員定数＝「（総定数・**300**）×東京都の人口（1401）÷全国の人口（12600）＝33・4」で『**33**』。
ロ、**岩手県**の議員定数＝「300×120÷12600＝2．86」で『**3**』。
ハ、**京都府**の議員定数＝「300×256÷12600＝6．10」で『**6**』。
ニ、**鳥取県**の議員定数＝「300×55÷12600＝1．31」で『**1**』。

『3の3』
（イ）
「以下の（ロ）の数表すなわち**【数表・3】**」は、
1、「現議員定数決定方式」「両立積式議員定数決定方式」「人口比例方式≑アダムズ方式」

の三方式による

イ、各都道府県における「**議員一人（一選挙区）当たりの人口**」の平均値。

すなわち、

ロ、「各都道府県における人口」を「各都道府県における議員定数」で割った値（単位は万人）。

である。

2、ただし、

イ、上段の数値は、「現議員定数決定方式」による人口値。

ロ、中段の数値は、「両立積式議員定数決定方式」による人口値。

ハ、下段の数値は、「人口比例方式≒アダムズ方式」による人口値。

とする。

（ロ）

＊＊＊

【数表・3】

「北海・43・**32**・43」「青森・41・**31**・41」「岩手・40・**24**・40」

「秋田・31・**24**・47」「宮城・38・**38**・38」「山形・35・**26**・35」

「福島・36・**26**・45」「新潟・36・**31**・44」「茨城・41・**41**・41」
「栃木・38・**38**・38」「群馬・39・**39**・39」「埼玉・49・**52**・43」
「東京・56・**67**・42」「千葉・48・**45**・42」「神奈・51・**66**・44」
「長野・41・**25**・41」「山梨・41・**41**・41」「静岡・45・**36**・40」
「富山・34・**34**・52」「岐阜・39・**28**・39」「愛知・50・**44**・44」
「石川・38・**38**・38」「福井・38・**38**・38」「三重・44・**35**・44」
「滋賀・35・**47**・35」「奈良・44・**44**・44」「京都・43・**43**・43」
「大阪・46・**73**・44」「和歌・30・**30**・46」「兵庫・45・**34**・42」
「鳥取・28・**28**・55」「島根・33・**33**・33」「岡山・38・**38**・38」
「広島・40・**40**・40」「山口・33・**33**・44」「香川・31・**47**・47」
「徳島・36・**36**・36」「愛媛・33・**33**・44」「高知・34・**34**・34」
「福岡・47・**47**・43」「大分・37・**37**・37」「宮崎・35・**27**・35」
「佐賀・41・**41**・41」「長崎・33・**43**・43」「熊本・43・**35**・43」
「鹿児・40・**29**・40」「沖縄・37・**37**・37」

＊＊＊

（八）

【数表・3】より、「都道府県単位での『議員一人（一選挙区）当たりの人口の平均値の最大格差値』すなわち『**一票の価値の最大格差値**』」に関しては、以下の（二）のとおりである。

（二）

1、『現議員定数決定方式』の場合は、「最大値が東京の56．0万人」「最小値が鳥取の27．5万人」であるから、「56．0÷27．5＝**2．04倍**」である。

2、『両立積式議員定数決定方式』の場合は、「最大値が大阪の73．4万人」「最小値が秋田の23．5万人」であるから、「73．4÷23．5＝**3．12倍**」である。

3、『人口比例方式≒アダムズ方式』の場合は、「最大値が鳥取の54．9万人」「最小値が島根の33．2万人」であるから、「54．9÷33．2＝**1．65倍**」である。

〔**注**。

1、「以上の1～3における『**人口格差値**』すなわち『**一票の価値の最大格差値**』」は、

「都道府県単位での格差値」である。

2、一方、「都道府県内を分割して形成される各選挙区（1選挙区、例えば東京8区・京都3区等）を単位とする人口」においては当然（微差ではあるが）「その平均値の上下値の別」が生じることとなる。

3、したがって、「各選挙区（1選挙区）を単位とする『**人口格差値**』すなわち『**一票の価値の最大格差値**』」はいずれの方式においても「『以上の（二）の1～3における格差値』よりも『（若干）**大きい値**』」となるはずであるが、

「都道府県内の地区（選挙区）分割状況」を「統計的確定値」として予測することは出来ないので「本稿」においては、考慮しないものとする。

4、ただし、『**両立積式議員定数決定方式**』においては、「都道府県内における複数の選挙区の『**区割り**』の決定」に際しては、

イ、各選挙区の相互の間において「選挙区内の市区町村における両立積の値」が相互に可能な限り同一値に近似するように「市区町村の行政区域の加減」をもってこれを調整し決定することを原則とする。

すなわち、

ロ、例えば、「議員定数が3名の県」においてA・B・Cの3選挙区のそれぞれの境界

線を決定する場合には、「A・B・Cの3選挙区のそれぞれの人口と面積をそれぞれ**『Pa・Pb・Pc』**『Wa・Wb・Wc』」とするならば、

可能な限り「$Pa\sqrt{Wa}=Pb\sqrt{Wb}=Pc\sqrt{Wc}$」の関係が成立するように「市区町村の行政区域の加減」をもってこれを調整し「『区割り』すなわち3選挙区のそれぞれの境界線」を決定することを原則とする。

わけであるから、

ハ、「各選挙区（1選挙区）を単位とする『**一票の価値の最大格差値**』」には、「**格別の大きな差**」は生じないこととなる。｝

『3の4』

（イ）

「以下の（ロ）の数表すなわち**【数表・4】**」は、

1、「現議員定数決定方式」「両立積式議員定数決定方式」「人口比例方式≒アダムズ方式」の三方式による

イ、各都道府県における「**議員一人**（一**選挙区**）**当たりの面積**」の平均値。

すなわち、

ロ、「各都道府県における面積」を「各都道府県における議員定数」で割った値（単位は１０平方キロ）。

である。

２、ただし、

イ、上段の数値は、「現議員定数決定方式」による面積値。

ロ、中段の数値は、「両立積式議員定数決定方式」による面積値。

ハ、下段の数値は、「人口比例方式≒アダムズ方式」による面積値。

とする。

（ロ）

＊　＊　＊

【数表・４】

「北海・６５４・**４９０**・６５４」「青森・３２２・**２４１**・３２２」

「岩手・５０９・**３０６**・５０９」「秋田・３８８・**２９１**・５８２」

「宮城・１２１・**１２１**・１２１」「山形・３１１・**２３３**・３１１」

「福島・２７６・**１９７**・３４５」「新潟・２１０・**１８０**・２５２」

「茨城・　８７・**８７**・　８７」「栃木・１２８・**１２８**・１２８」

「群馬・１２７・**１２７**・１２７」
「東京・９・**１０**・７」
「神奈・１３・**１７**・１２」
「山梨・２２４・**２２４**・２２４」
「富山・１４２・**１４２**・２１３」
「愛知・３４・**３０**・３０」
「福井・２１０・**２１０**・２１０」
「滋賀・１０１・**１３４**・１０１」
「京都・７７・**７７**・７７」
「和歌・１５７・**１５７**・２３６」
「鳥取・１７６・**１７６**・３５１」
「岡山・１４２・**１４２**・１４２」
「山口・１５３・**１５３**・２０４」
「徳島・２０８・**２０８**・２０８」
「高知・３５５・**３５５**・３５５」
「大分・２１１・**２１１**・２１１」
「埼玉・２５・**２７**・２２」
「千葉・４０・**３７**・３４」
「長野・２７１・**１７０**・２７１」
「静岡・９７・**７８**・８６」
「岐阜・２１２・**１５２**・２１２」
「石川・１４０・**１４０**・１４０」
「三重・１４５・**１１６**・１４５」
「奈良・１２３・**１２３**・１２３」
「大阪・１０・**１６**・１０」
「兵庫・７０・**５３**・６５」
「島根・３３６・**３３６**・３３６」
「広島・１２１・**１２１**・１２１」
「香川・６３・**９４**・９４」
「愛媛・１４２・**１４２**・１８９」
「福岡・４５・**４５**・４２」
「宮崎・２５８・**１９４**・２５８」

「佐賀・122・**122**・122」「長崎・103・**138**・138」
「熊本・185・**148**・185」「鹿児・230・**184**・230」
「沖縄・　57・　**57**・　76」

＊＊＊

（八）

【数表・4】より、

「(「面積超広大な特異地区域としての北海道」と「離島広大な特異地区域としての沖縄」を除く）都府県単位での『議員一人（一選挙区）当たりの面積の平均値の最大格差値』すなわち『**議員接触機会（面会会合機会）の最大格差値**』すなわちまた『**最大議員接触格差値（最大距離離格差値）**』」

に関しては、以下の（二）のとおりである。

（二）

1、『現議員定数決定方式』の場合の「各都府県における議員一人（一選挙区）当たりの面積の平均値」については、

イ、「その最大値は岩手の5090平方キロ」であるのに対して「最小値は東京の87.6平方キロ」であるから、

その最大面積格差値は「５０９０÷８７．６＝**５８．１倍**」となる。

ロ、したがって、「議員と住民との接触機会（面会会合機会）における『**最大議員接触格差値**（**最大距離格差値**）』」は、

「√５８．１＝**７．６２倍**」となる。

２、『両立積式議員定数決定方式』を適用した場合の「各都府県における議員一人（一選挙区）当たりの面積の平均値」については、

イ、「その最大値は高知の３５５０平方キロ」であるのに対して「最小値は東京の１０４平方キロ」であるから、

その最大面積格差値は「３５５０÷１０４＝**３４．１倍**」となる。

ロ、したがって、「議員と住民との接触機会（面会会合機会）における『**最大議員接触格差値**（**最大距離格差値**）』」は、

「√３４．１＝**５．８４倍**」となる。

３、『人口比例方式≒アダムズ方式』を適用した場合の「各都府県における議員一人（一選挙区）当たりの面積の平均値」については、

イ、「その最大値は秋田の５８２０平方キロ」であるのに対して「最小値は東京の６６．４平方キロ」であるから、

その最大面積格差値は「5820÷66．4＝**87．7倍**」となる。
ロ、したがって、「議員と住民との接触機会（面会会合機会）における『**最大議員接触格差値**（**最大距離格差値**）』」は、
「√87．7＝**9．35倍**」となる。

（**注**。
1、「以上の1～3における『**面積格差値**』すなわち『**最大議員接触格差値**（**最大距離格差値**）』」は、「（北海道と沖縄を除く）都府県単位での格差値」である。
2、一方、「都府県内を分割して形成される各選挙区（1選挙区、例えば東京8区・京都3区等）を単位とする面積」においては当然（微差ではあるが）「その平均値の上下値の別」が生じることとなる。
3、したがって、「各選挙区（1選挙区）を単位とする『**面積格差値**』すなわち『**最大議員接触格差値**（**最大距離格差値**）』」はいずれの方式においても「『以上の（二）の1～3における格差値』よりも『（若干）**大きい値**』」となるはずであるが、
「都府県内の地区（選挙区）分割状況」を「統計的確定値」として予測することは出来ないので「本稿」においては、考慮しないものとする。
4、ただし、『**両立積式議員定数決定方式**』においては、「都道府県内における複数の選

挙区の**『区割り』**の決定」に際しては、

イ、各選挙区の相互の間において「選挙区内の市区町村における両立積の値」が相互に可能な限り同一値に近似するように「市区町村の行政区域の加減」をもってこれを調整し決定することを原則とする。

すなわち、

ロ、例えば、「議員定数が3名の県」においてA・B・Cの3選挙区のそれぞれの境界線を決定する場合には、「A・B・Cの3選挙区のそれぞれの人口と面積をそれぞれ**『Pa・Pb・Pc』**『Wa・Wb・Wc』」とするならば、

可能な限り「$Pa\sqrt{Wa}=Pb\sqrt{Wb}=Pc\sqrt{Wc}$」の関係が成立するように「市区町村の行政区域の加減」をもってこれを調整し「『区割り』すなわち3選挙区のそれぞれの境界線」を決定することを原則とする。

わけであるから、

ハ、「各選挙区（1選挙区）を単位とする**『最大議員接触格差値（最大距離格差値）』**」には、**「格別の大きな差」**は生じないこととなる。}

『4』

（イ）

ここで、

1、『3の3』における「各都道府県における『議員一人（一選挙区）当たりの人口の平均値』」とは、すなわち、

イ、各都道府県の住民（有権者）が保有し主張し行使すべき『**立法権力形成権＝議員選出機能の権利量（一票の価値）**』の反比例値。

のことであり、

2、「『議員一人（一選挙区）当たりの人口』の平均値」が大きければ大きいほど

イ、当該都道府県の住民（有権者）が保有し主張し行使すべき『**立法権力形成権＝議員選出機能の権利量（一票の価値）**』。

は小さい（少ない）ものとなる。

（ロ）

したがって、

1、各都道府県における「議員一人（一選挙区）当たりの人口の平均値」の『**最大人口格差値**』とは、

イ、各都道府県の住民（有権者）が保有し主張し行使すべき「**立法権力形成権＝議員選**

出機能」の権利量（一票の価値）」の最大都道府県と最小都道府県における『**権利量の比率**』。

のことであり、

2、「議員定数決定方式」において「**この比率が大**」であればあるほど「当該権利量（一票の価値）の格差が『**大**』」となり、

イ、「当該権利量（**一票の価値**）に係る国民の権利保障の対等性・公平性」において「〝**劣った**（採用不適の）〟議員定数決定方式」。

ということになる。

3、すなわちまた、『**最大人口格差値**』に関しては、

イ、「最大人口格差値が3．12である『両立積式議員定数決定方式』」は、「最大人口格差値が2．04である『現議員定数決定方式』」に比して、

ロ、「最大人口格差値が3．12である『両立積式議員定数決定方式』」は、「最大人口格差値が1．65である『人口比例方式≒アダムズ方式』」に比して、

ハ、「最大人口格差値が2．04である『現議員定数決定方式』」は、「最大人口格差値が1．65である『人口比例方式≒アダムズ方式』」に比して、

4、それぞれ、

イ、「『**立法権力形成権＝議員選出機能の権利量**（**一票の価値**）』に係る国民の権利保障の対等性・公平性」において「〝**劣った**（採用不適の）〟議員定数決定方式」。

ということになる。

（ハ）

一方、

1、『3の4』における「各都府県における『議員一人（一選挙区）当たりの面積』および『この面積の平方根値として算出される距離の平均値』」とは、すなわち、

イ、各都府県の住民（有権者）が保有し主張し行使すべき『**立法権力活用権＝議員接触機会の権利量**（**面会会合機会**）』の反比例値。

のことであり、

2、「『議員一人（一選挙区）当たりの面積』および『この面積の平方根値として算出される距離』の平均値」が大きければ大きいほど

イ、当該都府県の住民（有権者）が保有し主張し行使すべき『**立法権力活用権＝議員接触機会の権利量**（**面会会合機会**）』。

は小さい（少ない）ものとなる。

（ニ）

したがって、

1、各都府県における「議員一人（一選挙区）当たりの面積」および「この面積の平方根値として算出される距離の平均値」である『**最大議員接触格差値**（**最大距離格差値**）』とは、

イ、各都府県の住民（有権者）が保有し主張し行使すべき「**立法権力活用権＝議員接触機会の権利量**（**面会会合機会**）」の最大都府県と最小都府県における『**権利量の比率**』。のことであり、

2、「議員定数決定方式」において「**この比率が大**」であればあるほど「当該権利量（面会会合機会）の格差が『**大**』」となり、

ロ、「当該権利量（**面会会合機会**）に係る国民の権利保障の対等性・公平性」において「〝**劣った**（採用不適の）〟議員定数決定方式」。

ということになる。

3、すなわちまた、『**最大議員接触格差値**（**最大距離格差値**）』に関しては、

イ、「最大面積格差値が58．1で、距離の最大格差値すなわち最大議員接触格差値が**7．62**である『現議員定数決定方式』」は、「最大面積格差値が34．1で、距離の最大格差値すなわち最大議員接触格差値が**5．84**である『両立積式議員定数決定方

式』」に比して、

ロ、「最大面積格差値が87．7で、距離の最大格差値すなわち最大議員接触格差値が9．35である『人口比例方式≒アダムズ方式』」は、「最大面積格差値が34．1で、距離の最大格差値すなわち最大議員接触格差値が5．84である『両立積式議員定数決定方式』」に比して、

ハ、「最大面積格差値が87．7で、距離の最大格差値すなわち最大議員接触格差値が9．35である『人口比例方式≒アダムズ方式』」は、「最大面積格差値が58．1で、距離の最大格差値すなわち最大議員接触格差値が7．62である『現議員定数決定方式』」に比して、

4、それぞれ、

イ、「『**立法権力活用権＝議員接触機会の権利量（面会会合機会）**』に係る国民の権利保障の対等性・公平性」において「〝**劣った**（採用不適の）〟議員定数決定方式」。ということになる。

『5』

（イ）

ここで、

「2011年3月の最高裁判決」において『違憲』と判定された「一人別枠方式を含む**『現議員定数決定方式』**」は、

1、2016年の公選法改正により、

イ、「人口比例方式の一種である**『アダムズ方式』**」が採択され2022年以降の衆議院総選挙から執行されること。

によって廃止されることが決定したが、

2、この事実を受けて「以下の（ロ）～（ニ）」において、

イ、「**『両立積式議員定数決定方式』**すなわちまた**『両立積方式』**」と「**人口比例方式≒アダムズ方式**」における「議員定数決定方式としての**『優劣・適否』**」。

を論じてみたい。

（ロ）

「『4』の（イ）～（ニ）における考察と結論」より、

1、**『両立積方式』**は、「人口比例方式≒アダムズ方式」に比して、

イ、「『**立法権力形成権**＝議員選出機能の権利量（**一票の価値**）』に係る国民の権利保障の対等性・公平性」において〝**劣った**〞議員定数決定方式。

ロ、「**『立法権力活用権**＝議員接触機会の権利量（**面会会合機会**）』に係る国民の権利保障の対等性・公平性」において〝**優れた**〟議員定数決定方式。

ということになるが、

2、「**『立法権力形成権**＝**議員選出機能の権利**』と『**立法権力活用権**＝**議員接触機会の権利**』の双方の政治的権利」は、「国政にかかわる主権者としての国民が保有し主張し行使すべき政治的権利」としては、ともに

イ、「**同等かつ両立的**」であるべき権利。

であり、

3、『**両立積方式**』においては、

イ、その決定方式の数公式内に「『立法権力形成権＝**議員選出機能の権利**』と『立法権力活用権＝**議員接触機会の権利**』の双方の政治的権利」を共存的に成立させるための該当数値としての『**人口値**』と『**面積**（**距離**）**値**』を組み入れ、

ロ、もって、「双方の政治的権利を『**融合的両立的に**』保障」しようとしている。

4、一方、「**人口比例方式**≒**アダムズ方式**」においては、

イ、その決定方式の数公式内に「『立法権力活用権＝**議員接触機会の権利**』の政治的権利」を成立させる「価値観および主張意図」はいっさい存在せず、

ロ、「『立法権力形成権＝**議員選出機能の権利**』の政治的権利のみ」を成立させるための該当数値としての『**人口値**』のみを組み入れ、

ハ、もって、「この政治的権利のみを『**単一的に**』保障」しようとしている。

（ハ）

1、したがって、

イ、「『**立法権力形成権＝議員選出機能の権利**』と『**立法権力活用権＝議員接触機会の権利**』の双方の政治的権利」を融合的両立的に保障する機能を保有する『**両立積方式**』。は、

ロ、「『**立法権力形成権＝議員選出機能の権利**』の政治的権利のみ」を単一的に保障する機能を保有するのみで「『**立法権力活用権＝議員接触機会の権利**』の政治的権利」を保障する機能をいっさい保有しない『**人口比例方式＝アダムズ方式**』。に比して、

2、すなわちまた、「その政治的権利に係る主張と要求」において、

イ、「主として『**大都市型有権者**＝人口密度と交通利便性の大である地区域に住む有権者』における政治的権利に係る主張と要求」としての『**立法権力形成権＝議員選出機能の権利**』に係る主張と要求。

および、

ロ、「主として『**地方型有権者**＝人口密度と交通利便性の小である地区域に住む有権者』における政治的権利に係る主張と要求」としての『**立法権力活用権**＝**議員接触機会の権利**』に係る主張と要求。

の双方の政治的権利に係る主張と要求を『**融合的両立的に**』満足し保障する機能を保有する『**両立積方式**』は、

3、「その政治的権利に係る主張と要求」において、

イ、「主として『**大都市型有権者**』における政治的権利に係る主張と要求」としての『**立法権力形成権**＝**議員選出機能の権利**』に係る主張と要求。

のみを満足し保障する機能を保有するのみで、

ロ、「主として『**地方型有権者**』における政治的権利に係る主張と要求」としての『**立法権力活用権**＝**議員接触機会の権利**』に係る主張と要求。

を満足し保障する機能をいっさい保有しない（欠落している）『**人口比例方式**≒**アダムズ方式**』に比して、

4、「国家政治とりわけ『**国家立法権力の形成と活用**』の行使にかかわる主権者としての国民の政治的権利」を

イ、「人口密度や交通利便性等にかかわる地域的都道府県的特性の差異」を超えて、
ロ、「総国民的全国家地域的に成しうるかぎり最大限に保障する意図と能力」を保有し機能する『**議員定数決定方式**』。

である。

（二）

すなわちまた、国家国民が「現議員定数決定方式に代わる『**新しい議員定数決定方式**』の採択」を成し遂げるためには、

1、その「**決定方式**」が、
イ、「主権者としての国民が保有し主張し行使すべき『国家立法権力の形成にかかわる政治的権利と活用にかかわる政治的権利』の双方の政治的権利」を融合させ両立させる決定方式。

であることによって、
ロ、『**双方の政治的権利を成しうるかぎり最大限に保障する意図と能力**』を保有する決定方式である事実。

を根拠として、
2、国民は、「**人口比例方式＝アダムズ方式**」よりも

「**【両立積式議員定数決定方式】**すなわちまた**【両立積方式】**」
を選択し採択すべきである。

『6』

「『1』～『5』における考察と結論」に従い、「現議員定数決定方式の〝**改革**〟」を成し
遂げるためには、
1、国民は、「2022年に公職選挙法において採択制定された『**アダムズ方式**』」を破棄
廃止し、改めて『**両立積式議員定数決定方式**』を選択し制定し、
したがってまた、2022年以降の衆議院総選挙から「『**両立積式議員定数決定方式**』
による都道府県別議員定数の決定が成された選挙」を行なうべきであるが、
2、ここで、
イ、『3の1』～『3の4』において決定された議員定数および議員一人当たりの人口・
面積等の数値。
を比較考察することによって、
ロ、「**【両立積方式】**の採択と運用」に係る「以下の『7』の（イ）～（ニ）に示す『**意
味と意義**』」。

を読み取ることができる。

『7』

（イ）

1、「【立法権力形成権＝議員選出の権利（一票の価値の大きさ）】と【立法権力活用権＝議員接触の権利（面会会合の容易さ）】の有利不利の関係」を、例えば

イ、「大都市型選挙区（人口過密面積狭小型選挙区）の代表地区域」としての東京都（定数21人）（一選挙区の平均人口が66．7万人で平均面積が104平方キロ）。

ロ、「地方型選挙区（人口過疎面積広大型選挙区）の代表地区域」としての岩手県（定数5人）（一選挙区の平均人口が24．0万人で平均面積が3060平方キロ）。

を比較してみた場合、

2、『一選挙区の平均人口が66．7万人の東京都の有権者・議員』は、「一選挙区の平均人口が24．0万人の岩手県の有権者・議員」に比して、

イ、その【議員選出の権利（一票の価値の大きさ）】において、

ロ、「平均して『26．6÷69．3＝0．360倍』との『価値の小ささ』」からなる

〝決定的な不利益〟。

をこうむっているのに対して、

3、逆に、『一選挙区の平均面積が3060平方キロの**岩手県の有権者・議員**』は、「一選挙区の平均面積が104平方キロの東京都の有権者・議員」に比して、

イ、その陳情や会合・パーティ等の出席のためには「3060÷104＝**29．4倍**」もの広大な地域内を移動しなければならず、すなわちまた、その「相互の出会い（面会会合）」のためには、「29．4倍の平方根（5．42）」としての『**おおむね5倍**』もの距離と時間と費用（例えば車用ガソリン代）を費やさねばならないこととなり、

ロ、その**【議員接触の権利（面会会合の容易さ）】**において、

ハ、「平均して『√3060÷√104＝**5．42倍**』との『**面会会合の困難さ**』」からなる」〝**決定的な不利益**〟をこうむっていることとなる。

（ロ）

また、

イ、「人口過密面積狭小型選挙区でもなく人口過疎面積広大型選挙区でもない『**中間型選挙区**』の代表地区域」としての**岡山県**（定数**5**人）（一選挙区の平均人口が37．6万人で平均面積が1420平方キロ）。

の有権者・議員においては、

1、東京都や岩手県の有権者・議員に比して、

2、その「平均的人口比すなわち**【立法権力形成権＝議員選出の権利（一票の価値の大きさ）】**」においては、それぞれ、

イ、「66．7÷37．6＝**1．77倍**」「24．0÷37．6＝**0．64倍**」。

となり、数値的にも明らかに「大都市型選挙区に比して〝**優遇**〟」される一方で「地方型選挙区に比して〝**冷遇**〟」されており、

3、逆に、その「平均的区内距離比すなわち**【立法権力活用権＝議員接触の権利（面会会合の容易さ）】**」においては、それぞれ、

イ、「√104÷√1420＝**0．271倍**」「√3060÷√1420＝**1．46倍**」。

となり、数値的にも明らかに「大都市型選挙区に比して〝**冷遇**〟」される一方で「地方型選挙区に比して〝**優遇**〟」されていることとなる。

（ハ）

「（イ）～（ロ）の結論」を概括してみると、

＊＊＊

1、「有権者における**【立法権力形成権＝議員選出の権利（一票の価値の大きさ）】**」に関

しては、
イ、地方型選挙区は中間型選挙区に、中間型選挙区は大都市型選挙区に対してそれぞれ**「有利優遇の関係」**。
となり、
2、「有権者における**【立法権力活用権＝議員接触の権利（面会会合の容易さ）】**」に関しては、
イ、地方型選挙区は中間型選挙区に、中間型選挙区は大都市型選挙区に対してそれぞれ**「不利冷遇の関係」**。
となり、
3、したがってまた、いずれの選挙区の有権者も他の選挙区の有権者に対してそれぞれその
イ、「国家政治にかかわる主権者」として保有し主張し行使すべき『**立法権力形成権＝議員選出の権利**（一票の価値の大きさ）』と『**立法権力活用権＝議員接触の権利**（面会会合の容易さ）』の双方の政治的権利の組み合わせ。
において、
ロ、相互に**「有利不利・優遇冷遇の関係」**。

を持ち合っていることとなり、

4、結果的に「各選挙区・全選挙区の有権者にとっての『**双方の政治的権利に関するプラスマイナス**』」は、

イ、相互に「近似値的に〝**相殺し合う**〟」。

はずであり、

5、「『**損**』もあれば『**得**』もある。得もあれば損もある。細かい損得を言い合えばキリがない。『**損得・有利不利・優遇冷遇**』は都道府県のみんながそれぞれ持ち合ってのお互いさま。〝**文句言いっこなし**〟」

となるはずである。

6、すなわちまた、自身が他区域の選挙有権者に比して不可避的に持たざるをえない「損得・有利不利・優遇冷遇の関係」を考慮配慮して

イ、大都市型選挙区有権者は、地方型選挙区有権者に比して「**一票の価値格差**」が「2倍・3倍程度」になったとしても、

ロ、地方型選挙区有権者は、大都市型選挙区有権者に比して「**面会会合機会の格差**」が「4倍・5倍程度」になったとしても、

「ともに〝**受忍**〟し〝**受忍**〟し合わなければならない」ということである。

＊＊＊

｛注。「選挙制度・議員定数決定方式の選択・採択」に際しては、

1、いかなる制度・方式を考えようと、

イ、すべての国民（有権者・議員）がともに有利・優遇され満足しうる選挙制度・議員定数決定方式。

ロ、すべての国民（有権者・議員）がともに不利・冷遇され不満を持たざるをえない選挙制度・議員定数決定方式。

などで存在するはずがない事実。

2、すなわち、すべての有権者・政治家はそれぞれ、

イ、自身の地区域における政治状況的特性を原因として発生する「制度的方式的な**『損得・有利不利・優遇冷遇』**」。

については、

ロ、互いにその「選択・採択の結果の差異」が**『相互に最小限』**となり合うこと。を条件としてともに妥協し合い納得し合い受け入れ合わねばならない事実。は国民万人が認めざるをえない事実のはずである。｝

（二）

すなわちまた、「(イ)～(ハ)の結論」を総括すると、

【両立積式議員定数決定方式】に基づく『**議員定数の決定**』」こそ、

＊　＊　＊

1、「政治家・政党・有権者における主観的利己的な願望や欲望・党利党略的意図や地域的利権的動機」を排除し超越し

イ、『人口と面積』という当該時点において『**既定不動である客観的数値**』のみ。を介して

ロ、『全国民の言い分（**権利思想・権利主張・権利量**）』を「大都市型選挙区・中間型選挙区・地方型選挙区といった地域特性差」を超えて『**可能な限り統合的調和的に融合させた決定**』。

すなわち、

2、「有権者における国会議員に対する本質的関係」としての

イ、「『**国家立法権力の形成者・体現者**』であり『**国民の政治的意思の代表者・被委託者**』である国会議員」を「『**選出**』しかつ『**活用**』する関係」。

に従い大都市域有権者・中間域有権者・地方域有権者のいずれもが「相互に相互の立場に立ち合い配慮し合っての客観的視点」からその「損得・有利不利・優遇冷遇」を

『**相殺妥協**』し合い、

3、もって、「『国民の最大多数』が相互にその地域特性差を超えて最大量的に納得し合い受け入れ合う」ことができる

イ、「国政選挙に際しての都道府県別議員定数の決定」に係る『**民意と民利の最大公約数的決定**』。

となるはずである。

＊　＊　＊

『8』

なお、【**数表・2**】から、【**両立積式議員定数決定方式**】の適用の場合は、

1、「現在定数に比しての『**議席の増減**』に係る都道府県数」に関しては、

イ、「7減・大阪」「4減・東京・神奈川」「1減・埼玉・滋賀・香川・長崎」。

ロ、「4増・北海道・兵庫」「3増・長野」「2増・岩手・福島・静岡・岐阜・愛知」「1増・青森・秋田・山形・新潟・千葉・三重・宮崎・熊本・鹿児島」。

ハ、「増減なし・23」。

ニ、すなわち、「17道県で増加・7都府県で減少・23府県で不変」。

となり、

2、概数的には、

イ、「**人口過密大都市都府県**」で減少（現在の定数が多すぎるのだということ）。

ロ、「**人口過疎面積広大県**」で増加（今までが冷遇され過ぎていたのだということ）。

ハ、「**人口面積中間県**」で増減なし（今のままでよいということ）。

の結果となる。

3、したがって、「選挙制度改革」により「『現行の議員定数決定方式』から『**両立積式議員定数決定方式**』による議員定数への移行」がなされたとしても、

イ、「現職全国会（衆議院）議員および全国全有権者の総体」においては、この移行に際しては、顕著な混乱や不利益が発生するわけではないことから、「この移行に関わる反発と抵抗」は（議員数が減少する人口過密大都市都府県を除き）比較的に小さいものと想定され、

ロ、「【**両立積式議員定数決定方式**】の採択と法律化」に著しい困難は存在しないものと考えられる。

五、【両立積式議員定数決定方式】の司法的国民認識的効果

『1』

（イ）

各都道府県・各市区町村において、

イ、その人口と面積に大小があるのみならず、

ロ、その人口分布・居住地分布や道路・鉄道等の配置すなわち交通事情に差異があり、

ハ、山地や海岸線等の地勢の様相を要因とする〝不定的偏在〟があり、

ニ、かつまたその区画形状に〝不定形性〟がある以上、

1、「**選挙制度や選挙区の定数区割り決定方式**」というものは、どのような制度・方式であっても有権者・議員・政党において必ず「損する部分得する部分と損する者得する者」が生じ、

「すべての有権者・議員・政党が等しく満足するものとはならない」ものであるが、

2、「従来の小選挙区制における定数と区割りの決定方法」においては、

イ、『**人口**』を唯一の客観基準とし、過疎県の面積・広狭に対する〝**感覚的配慮**〟を行ないつつその周辺を

ロ、都道府県・各選挙区ごとの政治家や政党の利害思惑・力関係さらには歴史的経緯や既得権益固守といった『**変数要因**』が取り巻いて各決定がなされていたことで、

3、結果的に『**全体的決定基準**』があいまいなものとなっていた。

（ロ）

この「国民はもとより政治家自身さえも『なにを根拠にA県が3議席でB県が4議席と決まったのか』が（なんとなく分かるが）詳しくはわからない」との理由から、

1、『大都市選挙区（都府県）の有権者』は常に「他選挙区とりわけ地方の人口僅少選挙区（県）に比べて生じ続ける二倍以上云々の人口格差（**一票の価値の不公平さ**）に対する不平不満」を言い立てざるをえず、

2、ついには衆参各選挙のたびに弁護士グループ等が原告となって「**一票の価値の平等**」を求めて『**違憲訴訟や選挙無効訴訟**』を起こす事態にまで至らざるをえなかった（19

70年以降の半世紀間で最高裁判決数は30件ほどにも及ぶ。)。

3、さらにはその『**定数訴訟**』においても、「同一選挙における同一事案」であるにも関わらず(冒頭既述のように)「各高裁・最高裁の各裁判官・各判事」の間において、イ、「合憲・違憲・違憲状態」といった結論の『**分離分裂**(**混乱混迷**)』。

が生じざるをえなかった。

『2』

これに対して、

「**【両立積式議員定数決定方式】** すなわちまた **【両立積方式】**」を採用(公職選挙法内において条項条文として制定)すれば、国民は「国家政治にかかわる主権者」として、「以下の(イ)~(ハ)の効果効用」を得ることができる。

(イ)

その『**決定基準**』すなわち「**【両立積式議員定数決定公式】**における使用数値」が「『都道府県と都道府県内の各選挙区の(直近の国勢調査に基づく)**人口と面積**』という国民すべてがいかなる疑念を抱くこともない『**既定不動の客観数値のみ**』」であるので、

イ、「都道府県それぞれの割り当て定数」と「都道府県内の各選挙区の区割り」の決定。

ロ、「以後の人口動態」等に対応しての「都道府県それぞれの割り当て定数」と「都道府県内の各選挙区の市区町村に係る合区・分区等の区割り」の変更。

のいずれの作業においても、

1、「政治家・政党や有権者・立候補予定者等の意図思惑や力関係および有利不利論・損得論・優遇冷遇論」とはまったく無関係に

イ、すべての作業が『直近の国勢調査の都道府県別人口と面積の確定値』に基づき（**注。**筆者が電卓計算だけで**【数表・1】**～**【数表・4】**を作成したのと同様に）〝**自動的機械的に**〟決定される。

こととなり、

2、「定数と区割りの決定と変移」に対する『政治家・政党や有権者の利害損得を絡めての不平不満』を抑制し牽制することができることとなる。

（ロ）

また、

1、地方の有権者や議員が『**本来的に持ってはいた**』がその意味意義に気付かずに、

（**注。**さらに言えば〝あろうことか〟「裁判官・弁護士のみならず政治家・政治学

者・政治評論家・政治ジャーナリスト・新聞テレビの論説者・解説者その他の〝**知識人の総員**〟」さえもがまったく気付かずに｝

未だ『**理論的正当化・権利化・価値化・権威化**』されず主張されることのなかった

＊　＊

イ、**【立法権力活用権】【議員接触機会**（**面会会合機会**）**の対等性】**という「国民の政治的権利と権利思想に係る『**新しい用語・概念・思想**』」。

＊　＊

の導入と確立がなされることとなり、

2、「**【両立積式議員定数決定公式】**への実際的適用」すなわち「議員定数の実際的決定作業」を介して

イ、「選挙にかかわる主権者が固有する権利としての『**立法権力形成権**（**議員選出機能の権利**）』と『**立法権力活用権**（**議員接触機会の権利**）』の双方の政治的権利とその行使」に関する「**総国民的意識変革**」。

がなされることとなる。

（ハ）

この結果、「主権者としての国民」においては、

＊＊＊

1、「その損得・有利不利・優遇冷遇にかかわる国民総員それぞれの『**相殺的妥協的納得**』」となならざるをえないにしても、
2、大都市都府県域有権者・中間県域有権者・過疎県域有権者を問わず『**最大多数の国民が最大量的に納得しうる形**』で、相互に、
イ、**【立法権力形成権の対等性】**すなわち『**議員選出機能の対等性**』すなわちまた「選挙区制選挙において国会議員を選出するに際してのその『選出機能（**一票の価値**）』における最高度の対等性」。
および、
ロ、**【立法権力活用権の対等性】**すなわち『**議員接触機会の対等性**』すなわちまた「選挙区選出国会議員とのその『物理的接触機会（**面会会合機会**）』における最高度の対等性」。
の双方の権利的対等性を両立的に得ることができ、
〔**注**。（既述したように）現在時点では、識者間でも司法の場でも「**選挙に係る格差問題**」としては、
イ、「立法権力形成権（議員選出機能）の対等性」のみが注目され『**立法権力活用権**

（議員接触機会）の対等性』はほとんど考慮の対象にさえなっていない。
のが実情である。｝

3、とりわけ
イ、大都市都府県域有権者における「**人口格差**（**一票の価値の格差**）に対する不満」。
ロ、過疎県域有権者における「**接触格差**（**面会会合機会の格差**）に対する不満」。
の双方の不満をともに（妥協的ではあれ）相殺解消することができ、
4、「国家政治にかかわる主権者」として選挙を介して成し遂げるべき
イ、「国家立法権力の形成（議員選出）」に対する『**相互に対等同一である関与**』。
および、
ロ、「『国家政治の運営によって生じる公共的な政治的利益権益』すなわち『思想的理想の実現や民生的福利の保障と確立および制度的実利的利益の獲得等の成果』」に対する『**相互に対等同一である享受**』。
のそれぞれの営みを「恒常的両立的かつ最高度的に成し遂げる」ことが可能となる。

＊　＊　＊

『3』

また、『**定数訴訟**』に関しても、

（イ）

「事案としての『衆議院選・参議院選の合憲違憲』に関する判断」に際しては、

1、従来は、高裁・最高裁のいずれも

イ、人口値以外の客観数値を根拠とする『**明確な判断基準**』。

を持っていなかったために、

2、「人口や人口比率の意味と（許される一票の価値格差は2倍までか3倍までかといった）〝限界値〟」を巡って各裁判所・各裁判官ごとに意見が分かれ、

イ、司法判断（判決）そのものに対する「**国民からの信頼感**」。

を必ずしも獲得確立することができてはいなかったが、

〔**注**。国民間に「頼むべき裁判所・裁判官でさえも合憲だ違憲状態だ違憲だと判断が分かれ迷うのか」という〝失意の思い〟があった。〕

3、今後は、

イ、【**両立積式議員定数決定公式**】すなわち「『**人口**』と『**面積**』という『**客観的非主観的数値基準**』」のみに基づく数公式。

を根拠としての

ロ、主観的利害的要素を排除排斥した「司法界のみならず国民全体にも通用し支持される『**明確公平で迷いのない統一的合憲違憲判断**（**判決**）』」。を下すことができることとなる。

（ロ）

｛**注1**。近年の衆議院選に係る判決傾向として「一票の価値格差は2倍までなら合憲、2倍以上は違憲」との考えが強まっているが、

1、この「2倍という数値の〝合憲根拠〟」したがってまた「2倍以上の数値の〝違憲根拠〟」すなわちまた「1．99倍は合憲だが2．01倍は違憲という考え」に関する「**合理的説得性のある説明**」は成されてはいない。

2、（というよりも）『現議員定数決定方式』は〝人口値のみ〟を議員定数決定根拠としているがゆえに、この方式に拠るかぎりいずれの裁判官・裁判所もこの「合理的説得性のある説明」を行なうことは〝**絶対的に不可能**〟なはずである。｝

｛**注2**。【**両立積式議員定数決定方式**】が採択（公職選挙法内において条項条文として制定）されれば、

1、「従来の『**議員選出機能に係る格差**（一票の価値に対する格差）』に対する考察と思慮」と合わせて、

イ、新しい発想としての『**議員接触機会に係る格差**（面会会合機会に対する格差）』に対する考察と思慮。

が行なわれるようになることで、

2、従来のような訴訟動機としての「一票の価値格差のみに固執した考え方」が希薄化し、かつまた、

イ、この『**新決定方式**』に従っての定数決定は「〝**必ず**〟『**合憲**』」となる。ことで、

3、結果的に「一票の価値格差が2倍以上（**注**。「『四、「両立積式議員定数決定方式」の実際的適用』の『6』における考察」より「最大格差は3倍程度」が想定される）」となっても『**訴訟そのもの**』が行なわれなくなるはずである。）

（ハ）

なお、近年においては「衆院選・参院選に係る定数訴訟」は選挙のたびにそれぞれ十数件の高裁提訴がなされ、各高裁・最高裁においてはそのたびに「合憲・違憲状態・違憲」の判断を下してきたわけであるが、

1、いずれの訴訟も

イ、「当該選挙に際しての選挙区ごとの一票の格差」が『**憲法14条に定める法の下の**

平等』に反していること。
すなわちまた、
ロ、「大都市有権者の一票の価値」は地方有権者の半票程度の価値しかないこととなり
権利量的に冷遇されていること。
を提訴理由として主として大都市の弁護士団体やその他の有志有権者によって起こさ
れたものであり、
2、この「訴訟」に際しての
『**法の下の平等の意味・概念**』
とは原告においても各裁判所・裁判官においても
イ、「選挙区の人口や人口比率（一票の価値格差比率）のみ」を基準としての〝**平等・不
平等**〟。
という意味・概念であった。
（二）
ところが、国政選挙に対する【**両立積式議員定数決定方式**】の導入により、
1、「選挙区制選挙の定数決定に係る『**憲法上の法の下の平等**』の意味・概念」は、
2、裁判所・法曹界はもとより全国民（有権者・政治家）においても

イ、「選挙区の人口や人口比率のみならず『**面積（距離）**や**面積（距離）比率**』をも基準としての平等・不平等」。

すなわち

ロ、**【立法権力形成権＝議員選出機能の対等性】**と**【立法権力活用権＝議員接触機会の対等性】**の「**両立的平等**」。

すなわちまた、

ハ、47都道府県のすべての有権者が相互に妥協的に受忍し合うべき『人口格差（一票**の価値の格差**）』と『議員接触格差（**面会会合機会の格差**）』の双方の格差の「**相殺的平等**」。

という『**新しい意味・概念**』に変更されることとなり、

（ホ）

したがって、「衆議院選・参議院選における選挙区制選挙の議員定数決定」に際しての「憲法14条における『**法の下の平等**』の『**意味解釈**』」に関しては、

1、「従来の『一票の価値（選挙区ごとの人口一人当たりの議員数値）は全選挙区において平等（1対1）であるべきだ』との思想・主張」から、

2、「『（ニ）の2のロの**両立的平等**』すなわちまた『（ニ）の2のハの**相殺的平等**』が成さ

れているならば選挙区ごとの一票の価値に『(現況のように) **2倍3倍程度の差**（人口格差)』があっても構わない、すなわち『**合憲である**』との思想・主張」へと、

3、「司法解釈（判決）的にも国民認識的にも」根幹的に変更されることとなり、

4、したがってまた、

イ、「『従来の判例』の転換」と「『合憲違憲判断基準』の統一的改変」。が成されることとなり、「**定数訴訟そのもの**」が行なわれなくなる（提訴しても却下されるもしくは敗訴する）こととなる。

{**注**。「従来行なわれていた『定数訴訟』とその『判決』」がすべて「『**過去の間違った訴訟と判決**』として〝**判例としては無意味化**〟してしまう」ということである。}

六、【両立積式議員定数決定方式】に係る『公職選挙法』

『1』

（イ）

『一～五における趣意・主張および結論』に従い、

「公職選挙法」において、以下の『**両立積式議員定数決定方式に係る公職選挙法**』としての

【公職選挙法・第〇〇条】

を制定するものとする。

＊　＊　＊　＊　＊

【公職選挙法・第〇〇条】

第〇〇条の一

国政選挙においての「各選挙区域における定数と区割りの決定」に関しては、

イ、衆議院議員総選挙に際しての「小選挙区選挙における各都道府県の定数」。

ロ、衆議院議員総選挙に際しての「比例代表ブロック選挙における各ブロックの定数」。

ハ、参議院議員通常選挙に際しての「選挙区制選挙における各都道府県の定数」。

のいずれの定数も『両立積式議員定数決定公式』に基づいてこれを決定する。

第〇〇条の二

【両立積式議員定数決定公式】とは、

【「選挙区制選挙において『各選挙区における議員定数』を決定するための決定基準として定められた『数公式』」で、

（1）

1、選挙有権者のそれぞれに対して、相互に、

イ、『立法権力形成権の対等性』すなわち『議員選出機能の対等性』すなわちまた「選挙区制選挙において議員を選出するに際してのその『選出機能（一票の価値）』における最高度の対等性」。

および、

ロ、『立法権力活用権の対等性』すなわち『議員接触機会の対等性』すなわちまた「選挙区選出議員との『物理的接触機会（面会会合機会）』における最高度の対等性」。

の双方の権利的対等性を両立的に保障し、

2、選挙有権者が「政治にかかわる主権者」として成し遂げるべき

イ、「立法権力の形成（議員選出）」に対する『相互に対等同一である関与』。

および、

ロ、「『政治の運営によって生じる公共的な政治的利益権益』すなわち『思想的理想の実現や民生的福利の保障と確立および制度的実利的利益の獲得等の成果』」に対する『相互に対等同一である享受』。

のそれぞれを「恒常的両立的かつ最高度的に成し遂げること」を可能とする数公式としての

3、「各選挙区において実現されるべき『人口値比例による立法権力形成権の対等性保障』と『面積の平方根値（距離値）比例による立法権力活用権の対等性保障』」の双方の権利保障趣意を融合的に数公式化した

『当該選挙区の議員定数＝議員総定数×当該選挙区の両立積〔当該選挙区の人口×（面積の平方根）〕÷両立積総和（全選挙区の両立積の総和）』

とする数公式。

（2）

すなわち、選挙区がA・B・C……Xの各選挙区である場合で、

イ、A・B・C……Xの各選挙区における「人口」がそれぞれPa・Pb・Pc……Px。

ロ、A・B・C……Xの各選挙区における「面積」がそれぞれWa・Wb・Wc……Wx。

ハ、選挙区選出議員総定数が「Nt」。

であるならば、

『A選挙区における議員定数「Na」』は、

『Na＝Nt×（Pa√Wa）÷（Pa√Wa＋Pb√Wb＋Pc√Wc＋……＋Px√Wx）』

とする数公式。】

をいう。

第〇〇条の三

【立法権力形成権】とは、

【国民が「国家政治にかかわる主権者」として「国家立法権力に関与すべく保有し行使する政治的権利」の一で、

1、国民が国会議員選挙において「国家立法権力の形成者・体現者である国会議員」を選

出する政治的権利。】
をいい、
【立法権力活用権】とは、
【国民が「国家政治にかかわる主権者」として「国家立法権力に関与すべく保有し行使する政治的権利」の一で、
1、国民が「国家立法権力の形成者・体現者である国会議員」に対して「国家政治の運営によって生じる公共的な政治的利益権益を享受するための『法律制定・制度整備・予算獲得』等の主張や訴えや働きかけ」を行ない、もって「当該の政治的利益権益」を享受する政治的権利。】
をいい、
【議員選出機能】とは、
【国民がその保有する「主権者権利の一としての『立法権力形成権』」に基づいて保有し行使する具体的な政治的機能で、
1、国民が国会議員選挙において「国家立法権力の形成者・体現者である国会議員」を選出する政治的機能。】
をいい、

【議員接触機会】とは、
【国民がその保有する「主権者権利の一としての『立法権力活用権』」に基づいて保有し活用する具体的な政治的機会で、
1、国民が「国家立法権力の形成者・体現者である国会議員」に対して「国家政治の運営によって生じる公共的な政治的利益権益を享受するための『法律制定・制度整備・予算獲得』等の主張や訴えや働きかけ」を行なうために物理的に接触する（面会しくは会合する）政治的機会。】
をいい、
【両立積】とは、
【「『両立積式議員定数決定公式』において使用される用語・概念」で、「当該選挙区の人口値」と「当該選挙区の面積の平方根値」の『積』としての値。】
をいい、
【両立積総和】とは、
【「『両立積式議員定数決定公式』において使用される用語・概念」で、「全選挙区における両立積の総和」としての値。】
をいう。

第〇〇条の四

「衆議院選挙区選挙の場合における都道府県別議員定数算出のための『両立積式議員定数決定公式』の適用に際しての『数値処理原則（第一～第六数値処理原則）』」に関しては、以下の1～6のとおりとする。

1、第一数値処理原則。

「４７都道府県の選出議員総数は『３００人』」とし、「面積超広大な特異地区域としての北海道には１６人、離島広大な特異地区域としての沖縄には４人」を割り当てた後、「残る４５都府県に『２８０人』」を割り当てるものとする。

2、第二数値処理原則。

『北海道と沖縄を除く４５都府県の両立積総和｛すなわち「都府県ごとの人口×（面積の平方根）の値」の総和｝』すなわちまた「『Pa√Wa＋Pb√Wb＋Pc√Wc＋……＋Px√Wx』の値（単位＝百万人キロ平方）」は、「８４６０・百万人キロ平方」とする。

（注。２０２０年国勢調査に準拠しての計算値。厳密には「８４５８・百万人キロ平方」。）

3、第三数値処理原則。

「定数原値＝Na」が、

イ、「『5未満』の場合」の定数は、小数点以下を切り上げた「整数値」とし、
ロ、「『5以上』の場合」の定数は、小数点以下を四捨五入した「整数値」とし、
この数値処理の結果として算出される議員定数を『算出議員定数』と称する。
4、第四数値処理原則。
「45都府県の算出議員定数の総定数」が、
イ、「280を超過した場合」は、「定数原値の上位都府県より順次超過定数に相当する都府県」において算出議員定数から「定数1」を減じ、
ロ、「280に不足した場合」は、「定数原値の上位都府県より順次不足定数に相当する都府県」において算出議員定数に「定数1」を加え、
もって「45都府県の全定数を『280人』」に調整合致させるものとする。
5、第五数値処理原則。
「4における調整処理の結果として決定される議員定数」を『調整確定議員定数』と称し、この「調整確定議員定数」をもって「当該都府県の『議員定数』」とする。
6、第六数値処理原則。
「両立積式議員定数決定公式」の適用に際しての『人口値と面積値』は「直近の国勢調査に基づいて算出された値」を使用するものとし、かつ、「人口値」は『国民人口値』

とする。

第〇〇条の五

イ、衆議院議員総選挙に際しての「小選挙区選挙における各都道府県内の区割り」。

ロ、参議院議員通常選挙に際しての「選挙区選挙における各都道府県内の区割り」。

の決定に際しては、

1、「都道府県内における区割り範囲」は、「市区町村の行政区域の境界」をもってその範囲を分かつものとし、行政区域の分断は行なわないことを原則とする。

2、「都道府県内の複数の選挙区の区割り」は、各選挙区の相互の間において『選挙区内の市区町村における両立積の値』が相互に可能な限り同一値に近似するように「市区町村の行政区域の加減」をもってこれを調整し決定することを原則とする。

＊　＊　＊　＊　＊

七、地方有権者・地方選出国会議員よ、【立法権力活用権＝議員接触機会（面会会合機会）の対等性】を強硬主張し「政界邪教・一票の価値平等教」「地方殺しの愚法悪法・人口比例方式≒アダムズ方式」を断固否定し粉砕せよ。

『1』

（イ）

近年における「衆院選定数訴訟に関する高裁・最高裁段階の判断」としては『人口格差（一票の価値格差）が2倍以上は違憲』との判断が多数派の傾向となっており、

1、もし「立法側すなわち衆参両院」が今後『定数区割り決定に係る抜本的選挙制度改革』を行なわなければ、

イ、司法界（裁判所・裁判官）全体を覆う「人口格差（一票の価値格差）は可能な限り〝1対1〟に近付けねばならない」との〝（**誤った**）**強迫観念**〟。

およびまた、

ロ、「立法両院に対するたび重なる改革勧告や違憲警告」を無視されて来続けた〝**司法の怒り**〟。
に駆られてこの傾向がさらに強化され、

2、ついには最高裁において
「人口格差が2倍以上であるから当該選挙は『**違憲にして無効**』」
との〝**断罪**〟が下されることとなる可能性は〝十分にありうる〟と考えられるが、

3、そうなれば、(『**両立積式議員定数決定方式**』が未知未採択の議員定数決定方式である現在時点においては)両院ともどもこの〝司法からの圧力〟を受けて「**人口比例方式**」の採択と「この方式による議員定数の決定」をせざるをえなくなり、
{**注**。2016年には「人口比例方式の一種である『**アダムズ方式**』」が採択され、2022年以降の衆議院選から実施されることとなった。}

4、この結果として、
イ、以下の「(ロ)における**注1・注2**」に示すような「大都市議員の大幅増加(激増)、地方議員の大幅減少(激減)の状況」。
のみならず、いずれ以下の『2』に指摘するように
ロ、「隣接する人口僅少県同士の『**合区**』」。

すなわち、

ハ、当該両県の地勢や交通事情、当該両県民の生活圏域や行動利便性・文化的差異を無視しての『**国家中央による単なる数字合わせ**』でしかないうえに「有権者・議員（選挙立候補者）ともども抵抗すべくもなく押し付けられ従わざるをえない『**県境を越えての理不尽横暴な選挙区設定**』」。をさえ招来させることになることは必至である。

（ロ）

〔**注1**。

「**人口比例方式＝アダムズ方式**」によれば、「２０２０年国勢調査における人口値・面積値に準拠した場合」は、「『四、「両立積式議員定数決定方式」の実際的適用』の『３の２』における【**数表・2**】」から明らかなように、

1、東京は現定数２５名が３３名と8増となり、神奈川・埼玉が3増、千葉・愛知が２増、大阪・福岡が1増と「人口過密大都市都府県で**軒並み増加**」するのに対して、

2、「人口僅少（１００万人前後）県として現定数が3名の秋田・富山・和歌山・香川は各2名、２名の鳥取は〝**たった1名**〟」と人口過疎地方県の議員は〝**激減**〟することとなる。

3、また、東京（33名）だけで「東北6県に新潟・群馬を加えた議席数（31名）」を2名上回り、大阪（20名）だけで「中国5県に香川を加えた議席数（20名）」に等しくなることとなる。

4、すなわちまた、

「面積が〝**たったの2190平方キロ**〟の東京の議席数（議員数）が『その〝**39倍**〟もの合計面積85890平方キロからなる東北6県と新潟・群馬の議席数（議員数）』を2議席上回り、面積が〝**わずか1910平方キロ**〟でしかない大阪の議席数（議員数）が『その〝**18倍**〟もの合計面積33800平方キロからなる中国5県と香川の議席数（議員数）』と同じ。」

という

イ、「人口過密大都市都府県地区域」における議員の『**過密的激増**』。

ロ、「人口過疎面積広大県地区域」における議員の『**過疎的激減**』。

という『**議員数疎密の極端化**』が起こることとなる。｝

｛**注2**。

「今後のわが国全体の人口動態」としては、少子化の進行により総人口が減少する中での「地方から大都市への移動」が推測されることで、

1、「総人口が現在より約2000万人減少すると想定される**2040年**における衆議院地方選挙区議員定数」に関しては、（「**人口比例方式≒アダムズ方式**」が適用され続けた場合。）

2、「東京は25から34」へ「東京圏（東京・神奈川・千葉・埼玉）だけで71から90」へと〝わが世の春来たるとばかりに〟激増する一方で、

「現2議席の鳥取・島根・高知は〝哀れや哀れ〟『**1議席**』」へと〝**転落する**〟との試算もあり（注。将来予測なので数値に関しては他の試算値も散見される。）、

3、「**注1**の1～4で指摘した現象」は年次を経るごとにいっそう〝**過激化**〟することは確実となる。

4、まさに「〝**地方殺しの愚法悪法**〟**人口比例方式≒アダムズ方式**」と言わざるをえない。」

『2』

「2016年参議院選挙（2016・7・10）」においては、ついに「**徳島と高知**」「**鳥取と島根**」の四県において（「当該県民の合意と了承などあるべくもない状況」であるにもかかわらず）、

「『**合区**』すなわち『当該県民と当該選挙区立候補者・当該選挙区議員にとっては〝**合苦**〟』でしかないその『**選挙区範囲の決定と議員定数決定の不条理と悲劇**』」が現実化した。

すなわち、

1、『**徳島・高知選挙区**』においては、

「急峻な四国山地に阻まれてその往来もままならないことで県民性にも気質・文化にも大いに差異がある」ことから、立候補者はその主張・政策においてそれぞれに徳島側・高知側の事情・状況に合わせた異なる配慮をしなければならないこととなり、

また、有権者とりわけ立候補者のいない高知県民は「未知で必ずしも地域事情に詳しいとは言えず『**日常意識的にも疎遠で親近感のない**』徳島の立候補者」に向き合い選択しなければならないこととなった。

2、『**鳥取・島根選挙区**』においては、

「両端距離が330km以上に達するという東西に長く南北に狭い『**地形地勢的に異常に細長い**』選挙区」となり、立候補者は「国道は9号線一本のみ、鉄道も山陰本線一本のみという交通難事情」に加えてさらにはその選挙習慣において方式の異なる鳥取方式と島根方式に同時対応をしなければならない苦労を強いられることとなり、

有権者にとっても、とりわけ鳥取東端地域と島根西端地域の有権者は「『**立候補者の顔をほとんどみることのないままに**』投票をせざるを得ない」こととなった。

3、その結果、

イ、その「**投票率**」において徳島・高知・鳥取の三県がいずれも「**過去最低**」となったのみならず、なかでも『徳島・高知選挙区』では「徳島が47.0%で〝全国46位（**下から2番目**）〟」、「高知が45.5%で〝全国47位（**最下位**）〟」と有権者の投票意欲を著しく減退喪失させた。

ロ、「合区反対といった他事記載も含めての『**無効票**』」が高知では約18000票となり前回よりも5割ほども増加し、鳥取では約11000票となって前回よりも4割ほども増加した。

4、「以上の状況と現象の出来」は、明らかに

イ、当該四県の有権者における「『**合区**』という『**不条理にして理不尽横暴な選挙区設定**』に対する『**拒否反応の表明**（**魂の叫び**）』」であり、

ロ、「**合区政策**」の〝**完璧なる失敗**〟を意味するものであるに他ならない。

『3』

（イ）

こうした「『1』～『2』に明示するような〝人口僅少県に対する危機的現実の襲来〟」が予測されればこそ、

イ、今までオラが議員との出会いや会合出席に「実際的に距離的時間的費用的不便さ」を感じていた**『地方の有権者やその議員』**。

ロ、さらには、「一票の価値が大都市都府県の2倍以上と〝大きい〟」ことで大都市議員や大都市有権者のみならずあろうことか高裁・最高裁・裁判官からも「違憲だ違憲状態だと自分たちがまるで〝得〟をし〝悪いこと〟をでもしているかのように」言われ続けてきた**『地方の有権者やその議員』**。

の諸賢においては、

1、「『人口比例方式≒**アダムズ方式**』が厳格に適用されれば今以上に地方議員が減少し〝**地方の声**〟が切り捨てられてしまう」といった

イ、〝漠然とした不安感を情緒的に表明するだけ〟でしかなかった従来的な〝**非理論的で弱弱しい反対論**〟。

を超えて、

（ロ）

1、（ピンチはチャンス）、

「『現行の議員定数は違憲状態との最高裁判決』を受けて次回総選挙（解散がなければ任期満了の2025年10月）までにすなわち周知期間を考えれば今後1～2年以内に確実に『（○増○減といったその場しのぎではない）**議員定数改革**』が実行される（実行されねばならない。実行しなければ〝長年の不作為・怠慢に怒った司法〟からついに『**違憲**』『**選挙無効・選挙やり直し**』を命じられる恐れあり）この機会」

をこそ捕えて

イ、「**大都市域の有権者・議員優遇論**」にして「**地方有権者〝政治的棄民〟論**」でしかない『**一票の価値・平等論**』および『**人口基準論・人口比例方式≒アダムズ方式**』。を「**愚論悪論・愚法悪法**」と断固否定し排斥駆逐し、

ロ、（本稿において既述したような）大都市都府県域の有権者・議員と地方県域の有権者・議員の双方の権利擁護の主張に対する「**十分なる調和的配慮**」と「議員定数決定方式としての『**確固たる価値化・権威化**』」のなされた〝**理論的で逞しい反対論**〟としての【**両立積式議員定数決定方式**】。

を採択する絶好機として、

3、「以下の『4』の（イ）～（ロ）の対応努力」を行なうべきである。

『4』

（イ）

1、**「地方有権者」**は、

イ、「みずからの思想的理想の実現や民生的福利の保障と確立および制度的実利的利益の獲得等の『公共的な政治的利益権益』を得ること」を目的としてその主張や訴えや働きかけを行なうために自分たちが選んだ議員と対話したり陳情したり抗議したりと**『物理的に接触する十分なる機会（面会会合機会）』**。

を確保し

ロ、みずからに迫る「議員数的（政治力学的）劣勢に立たされることでの『予算配分や制度整備・法律制定における〝**政治的棄民**（見捨てられた民・救いの手の届かない人々・忘れられた民衆）**化**〟』」。

を防止すべく、

2、**「地方選出国会議員」**は、

イ、「選挙運動時にしろ日常の議員活動時にしろ選挙区内の住民や支持者・支援者に会いに行ったり地域の集会や会合やパーティに出席したり演説会・報告会を開催したりする」等のいずれの場合においても、

ロ、（大都市都府県選出国会議員に比して）『**可能な限り経費的にも時間的体力的にも負担の軽少な政治活動**』。

を行なうべく、

（ロ）

1、「とりわけ人口僅少県としての東北・北陸・中国・四国・九州の各県地区域における『**該当各県民・各県選出国会議員**』はこぞって結集し合い連携し合って、例えば

＊＊

「**【「両立積式議員定数決定方式」を実現させる会】**等の衆参両議員組織」

＊＊

を結成し合い、

2、「大都市に『**立法権力形成権**（**議員選出機能の対等性＝一票の価値の平等**）』の主張」あれば「地方に『**立法権力活用権**（**議員接触機会の対等性＝面会会合機会の平等**）』の主張」あり。

の〝**旗**〟を高々と押し立て、

3、これまで、

イ、政界・法曹界・報道機関（マスコミ）・識者間において蔓延定着していた「〝**悪弊政治宗教にして政界邪教**〟である『**一票の価値平等教**』」。

が原因となってまったく配慮考慮されることなくましてや『理論的正当化・権威化・価値化・権利化』されることのなかった

イ、**【立法権力活用権＝議員接触機会の対等性】【面会会合機会の平等】**という『**新権利思想・新権利概念・新権利判断**』の意味意義。

を強硬に主張し、

4、「**【両立積式議員定数決定方式】**の採択」すなわち、

イ、その「議員定数決定方式としての『**法律化**（公職選挙法内での条項条文化）』と『**合憲認定**』」。

を成し遂げ、

5、もって、

イ、「この新決定方式」が導く「大都市都府県型有権者・議員」と「地方県型有権者・議員」のその相互における政治的利害の損得・有利不利・優遇冷遇の『**相殺的妥協的調**

整』。

を介しての

ロ、「大都市有権者・大都市選出国会議員」と「地方有権者・地方選出国会議員」の双方の間における**【立法権力形成権＝議員選出機能の対等性】**と**【立法権力活用権＝議員接触機会の対等性】**の『最高度の両立的恒常的確立』。

すなわち、

ハ、国政選挙における「大都市地区域と地方地区域の人口や面積に係る地域特性差・都道府県差」を超越しての「国民総員における『**選挙に係る法の下の平等**』および『**政治的権利の均衡性のある確立**』と『**政治的利益の平等なる享受**』」を成し遂げるべきである。

八、『【両立積式議員定数決定方式】を実現させる会』・発会宣言

『1』

（イ）

【両立積式議員定数決定方式】を実現するためには、

「その実現を志向する『**有志国会議員**』」が結集し、一致結束して全国民および全政治家に向かって

「**【両立積式議員定数決定方式】**の意味および意義」

を説明しその法制化・実用化を目指して尽力することが必要である。

（ロ）

すなわちまた、「（イ）の必要性に基づいた具体的行動」としては、

1、「**有志国会議員**」が結集して

『【両立積式議員定数決定方式】を実現させる会』
を発会させ、
2、広く国民および政治家に向けて、以下に明示する
「『【両立積式議員定数決定方式】を実現させる会』・発会宣言」
を発出し、
3、『公職選挙法』において制定されるべき
「【両立積式議員定数決定方式】に係る具体的条項条文」

を公開することによってその法制化・実用化を目指すことが必要である。

＊　＊　＊　＊　＊　＊

『【両立積式議員定数決定方式】を実現させる会』・発会宣言

『1』
われわれ『【両立積式議員定数決定方式】を実現させる会』の発会に集う有志国会議員

一同は、
「選挙区制選挙に係る『**都道府県別議員定数の決定方式**』」
に関しては、以下の

【両立積式議員定数決定方式】

の提言を行ない、一致結束してその法制化・実用化に尽力するものである。

『2』
「選挙という営為および選挙と国会議員を介して成立すべき国民（有権者）と政治の関わりの根幹的意味」を考察してみるとき、

（イ）

1、『**有権者と国会議員の関係**』とは、たんに「選挙の時の選ぶ選ばれるだけの一時的相互関係（選びっぱなしで後は互いに無関係という関係）」で終わるものではなく、

2、選挙後の任期期間のみならず議員生活全期間において成立すべき

イ、有権者が議員に対して「国家政治の運営によって生じる公共的な政治的利益権益」

すなわち『思想的理想の実現や民生的福利の保障と確立および制度的実利的利益の獲得等の成果』を享受するための主張や訴えや働きかけを行なうために『**双方が物理的に接触する関係**』。

ロ、双方が面会し会合し対話し

すなわち、

「有権者が議員に対して生活状況を訴えたり（みずからを幸せとする）相当の法律制定・制度整備・予算獲得等に係る要請・陳情もしくは抗議を行なう等の関係」

および

「議員が有権者に対して生活状況を尋ねたり（有権者を幸せとする）相当の法律制定・制度整備・予算獲得等に係る要望を聞いたり関連の説明を行なったりしながら現実の議員活動・政治活動でこれに応える等の関係」。

もまた重要な相互関係であり、

3、この

イ、有権者が「政治家（議員）すなわち『**立法権力者**』」に接触し『**その政治的力を活用**』して自分たちの公共的な政治的利益権益を得る権利。

すなわち

ロ、**【立法権力活用権】**。
もまた有権者としての正当かつ重要な政治的権利である。
（ロ）
したがってまた、
1、「各選挙区（都道府県）における議員定数の決定」に際しては、
イ、**『選挙区内人口の多さ少なさ』**といった要因。
のみならず、
ロ、有権者がみずから選出した国会議員に対して「国家政治の運営によって生じる公共的な政治的利益権益を享受するための**『主張や訴えや働きかけ』**」を行なうべく「相互が相互に**『物理的に接触し合う**（面会し会合し対話し要請陳情もしくは抗議する）』ための容易さと困難さに関する要因。
としての
ハ、「相互の間の**『距離的時間的費用的な遠さ近さ』**」すなわち**『選挙区内面積の広さ狭さ』**といった要因。
もまた配慮されることが必要である。

『3』

われわれ有志国会議員一同は、

一、『2』の配慮に従い、「選挙区制選挙に係る最善最適の『**議員定数決定方式**』」を考えてみるとき、以下の（イ）～（ハ）の考察を行なうものである。

（イ）

「現行の衆議院選小選挙区制度における『**一人別枠方式**』」に関しては、

1、「司法段階におけるほぼ統一的な解釈・見解」として「同方式は一票の格差を発生させる根本的原因で〝違憲（2011年3月の最高裁判決）〟」とされており、

2、この司法判断を受けて、2016年の公選法改正によって、「2022年以降の総選挙においては『**アダムズ方式**』を導入すること」が決定した。

（ロ）

ところが、この『**アダムズ方式**』には、

1、「『**選挙区の人口のみ**』を計数要素とした特異性のある定数算出方法」であるために

イ、「計数方法と定数決定方法に際しての数値操作」に煩雑性と難解性がある。

ロ、ほぼ完全な人口比例方式であるために人口過密の大都市地区域に集中的に議員が配

分され人口過疎の地方地区域では顕著な議員数の減少が起こることとなり、いわゆる**「地方の声」**が国政に届かなくなることとなる。

との**「本質的致命的な欠点・短所」**が存在する。

（ハ）

したがって、**「『アダムズ方式』**が固有するこの欠点・短所」を考慮するとき、

1、**「『アダムズ方式』**に優越する**『新しい議員定数決定方式』」**を早急に考案創出することが必要であると認めるものである。

『4』

われわれ有志国会議員一同は、

一、「選挙区制選挙における各選挙区（都道府県）の議員定数」を決定するに際して、

1、「選挙・議員・有権者に関する原理的な意味と相関」とりわけ国民（有権者）における**『選挙を介して国政の主人・主権者としての権利権能を最大限に確立し活用する』**にはどのような制度・選挙方式にすればよいか。

2、「政治家や政党にとっての有利不利や利害損得」とはいっさい無関係に、なによりも「主権者である国民」にとってどのような選挙制度（議員定数決定方式）が

「『その民意の公平正確な反映』や『優れた政見政策の選択』『卓越した政治家の選出』および『良好なる政党政治の形成』およびまた『国民における公平公正な政治的利益権益の分配と享受』」

のために最善最適であるか。

を第一義的に考究することにより、

二、「『現行の**議員定数決定方式**』および『将来時点における**アダムズ方式**』に比して理念的に優越する合理性・妥当性・適格性を具有する議員定数決定方式」としての

イ、「選挙すなわち有権者における議員を選出するという営為の意義意味に対する正当なる認識と理解」からなりかつ「人口多数・面積狭小地区域としての大都市都府県地区域」「人口少数・面積広大地区域としての地方県地区域」といった地区域差を超えて各地区域におけるすべての有権者と政治家が可能な限り最大多数的・最大量的に納得しうる『**理想の選挙制度・議員定数決定方式**』。

として、

三、ここに、以下に述べる

【両立積式議員定数決定方式】

を提言し、

四、広く国民にその

イ、「選挙区制選挙における各選挙区（都道府県）の議員定数を決定する方式」としての**『合理性・妥当性・適格性』**。

を大いに主張し、国会においてはその

ロ、**『公職選挙法としての条項条文化』**すなわち「以下の『5』において例示する**【公職選挙法第○○条】**」。

の実現に尽力するものである。

『5』

すなわち、われわれ有志国会議員一同は、

一、「選挙区制選挙における**『各選挙区**（都道府県）**の議員定数』**の決定」に関しては、

1、すべての地区域（都道府県）における国民（選挙有権者）のそれぞれにおいて、相互に、

イ、「**【立法権力形成権】の対等性**」すなわち**『議員選出機能の対等性』**。

すなわちまた「選挙区制選挙において国会議員を選出するに際しての『**選出機能**（**一票の価値**）』における最高度の対等性」。

および、

ロ、「【**立法権力活用権**】の**対等性**」すなわち『**議員接触機会の対等性**』。

すなわちまた「選挙区選出国会議員との『**物理的接触機会**（**面会会合機会**）』における最高度の対等性」。

の双方の権利的対等性が両立的に保障されるようにこれを決定するものとし、

2、したがってまた、すべての地区域における国民（選挙有権者）のそれぞれにおいて、相互に、

イ、『**国家立法権力の形成**（議員選出）』に対する「相互に対等同一である『**関与の権利**』」。

および、

ロ、「国家政治の運営によって生じる『**公共的な政治的利益権益**』すなわち『思想的理想の実現や民生的福利の保障と確立および実利的利益の獲得等の成果』」に対する「相互に対等同一である『**享受の権利**』」。

の双方の権利が「恒常的両立的かつ最高度的に保障される」ようにこれを決定する

ものとし、

二、「その決定」は、

【両立積式議員定数決定公式】

すなわち、各選挙区（都道府県）において実現されるべき

イ、「**人口値比例**」による『**立法権力形成権の対等性保障**』。

ロ、「**面積の平方根値**（**距離値**）**比例**」による『**立法権力活用権の対等性保障**』。

の双方の保障趣意を融合的に数公式化した数公式で、

ハ、「各選挙区（都道府県）の『**人口値**』と各選挙区（都道府県）の『**面積の平方根値としての距離値**』の双方の値を掛け合わせた値」を『**両立積**』とし、この「**両立積**」を根拠として『**議員定数**』を決定する「**数公式**」。

としての

＊　＊　＊

『**議員定数＝議員総定数×両立積÷両立積総和**』とする数公式。

すなわち、

『当該選挙区（都道府県）の**議員定数**＝**議員総定数**×当該選挙区の**両立積**｛当該選挙区の人口×（面積の平方根）｝÷**両立積総和**（全選挙区の両立積の総和）』

とする数公式。

すなわちまた、

『選挙区がA・B・C……Xの各選挙区である場合で、

イ、A・B・C……Xの各選挙区における「**人口**」がそれぞれPa・Pb・Pc……Px。

ロ、A・B・C……Xの各選挙区における「**面積**」がそれぞれWa・Wb・Wc……Wx。

ハ、選挙区選出国会議員総定数が「Nt」。

であるならば、

「**A選挙区における議員定数**「**Na**」は、

「$Na=Nt\times(Pa\sqrt{Wa})\div(Pa\sqrt{Wa}+Pb\sqrt{Wb}+Pc\sqrt{Wc}+\cdots\cdots+Px\sqrt{Wx})$」

とする数公式。』

＊　＊　＊

に従ってなされるべきものであると主張する。

『6』

われわれ有志国会議員一同は、
一、「上記の趣意主張」を実現すべく
「**公職選挙法**」において、以下の「**両立積式議員定数決定方式に係る公職選挙法**」と
しての
【公職選挙法・第〇〇条】
を制定することを主張するものである。

＊　＊　＊　＊　＊

【公職選挙法・第〇〇条】
第〇〇条の一
国政選挙においての「各選挙区域における定数と区割りの決定」に関しては、
イ、衆議院議員総選挙に際しての「小選挙区選挙における各都道府県の定数」。
ロ、衆議院議員総選挙に際しての「比例代表ブロック選挙における各ブロックの定数」。
ハ、参議院議員通常選挙に際しての「選挙区制選挙における各都道府県の定数」。
のいずれの定数も『両立積式議員定数決定公式』に基づいてこれを決定する。

第〇〇条の二

【両立積式議員定数決定公式】とは、

【「選挙区制選挙において『各選挙区における議員定数』を決定するための決定基準として定められた『数公式』」で、

（1）

1、選挙有権者のそれぞれに対して、相互に、

イ、『立法権力形成権の対等性』すなわち『議員選出機能の対等性』すなわちまた「選挙区制選挙において議員を選出するに際してのその『選出機能（一票の価値）』における最高度の対等性」。

および、

ロ、『立法権力活用権の対等性』すなわち『議員接触機会の対等性』すなわちまた「選挙区選出議員との『物理的接触機会（面会会合機会）』における最高度の対等性」。

の双方の権利的対等性を両立的に保障し、

2、選挙有権者が「政治にかかわる主権者」として成し遂げるべき

イ、「立法権力の形成（議員選出）」に対する『相互に対等同一である関与』。

および、

ロ、「『政治の運営によって生じる公共的な政治的利益権益』すなわち『思想的理想の実現や民生的福利の保障と確立および制度的実利的利益の獲得等の成果』」に対する『相互に対等同一である享受』。のそれぞれを「恒常的両立的かつ最高度的に成し遂げること」を可能とする数公式としての

3、「各選挙区において実現されるべき『人口値比例による立法権力形成権の対等性保障』と『面積の平方根値（距離値）比例による立法権力活用権の対等性保障』」の双方の権利保障趣意を融合的に数公式化した

『当該選挙区の議員定数＝議員総定数×当該選挙区の両立積｛当該選挙区の人口×（面積の平方根）｝÷両立積総和（全選挙区の両立積の総和）』

とする数公式。

（2）

すなわち、選挙区がA・B・C……Xの各選挙区である場合で、

イ、A・B・C……Xの各選挙区における「人口」がそれぞれPa・Pb・Pc……Px。

ロ、A・B・C……Xの各選挙区における「面積」がそれぞれWa・Wb・Wc……Wx。

ハ、選挙区選出議員総定数が「Nt」。

であるならば、

『A選挙区における議員定数「Na」』は、

『Na＝Nt×(Pa√Wa)÷(Pa√Wa＋Pb√Wb＋Pc√Wc＋……＋Px√Wx)』

とする数公式。】

をいう。

第○○条の三
【立法権力形成権】とは、
【国民が「国家政治にかかわる主権者」として「国家立法権力に関与すべく保有し行使する政治的権利」の一で、
1、国民が国会議員選挙において「国家立法権力の形成者・体現者である国会議員」を選出する政治的権利。】
をいい、
【立法権力活用権】とは、
【国民が「国家政治にかかわる主権者」として「国家立法権力に関与すべく保有し行使する政治的権利」の一で、
1、国民が「国家立法権力の形成者・体現者である国会議員」に対して「国家政治の運営によって生じる公共的な政治的利益権益を享受するための『法律制定・制度整備・予算獲得』等の主張や訴えや働きかけ」を行ない、もって「当該の政治的利益権益」を享受する政治的権利。】

をいい、

【議員選出機能】とは、

【国民がその保有する「主権者権利の一としての『立法権力形成権』」に基づいて保有し行使する具体的な政治的機能で、

1、国民が国会議員選挙において「国家立法権力の形成者・体現者である国会議員」を選出する政治的機能。】

をいい、

【議員接触機会】とは、

【国民がその保有する「主権者権利の一としての『立法権力活用権』」に基づいて保有し活用する具体的な政治的機会で、

1、国民が「国家立法権力の形成者・体現者である国会議員」に対して「国家政治の運営によって生じる公共的な政治的利益権益を享受するための『法律制定・制度整備・予算獲得』等の主張や訴えや働きかけ」を行なうために物理的に接触する（面会しもしくは

会合する）政治的機会。】

をいい、

【両立積】とは、

【「『両立積式議員定数決定公式』において使用される用語・概念」で、「当該選挙区の人口値」と「当該選挙区の面積の平方根値」の『積』としての値。】

をいい、

【両立積総和】とは、

【「『両立積式議員定数決定公式』において使用される用語・概念」で、「全選挙区における両立積の総和」としての値。】

をいう。

第○○条の四

「衆議院選挙区選挙の場合における都道府県別議員定数算出のための『両立積式議員定数決定公式』の適用に際しての『数値処理原則（第一〜第六数値処理原則）』」に関しては、以下の1〜6のとおりとする。

1、第一数値処理原則。

「47都道府県の選出議員総数は『300人』」とし、「面積超広大な特異地区域としての北海道には16人、離島広大な特異地区域としての沖縄には4人」を割り当てた後、「残る45都府県に『280人』」を割り当てるものとする。

2、第二数値処理原則。

『北海道と沖縄を除く45都府県の両立積総和｛すなわち「都府県ごとの人口×（面積の平方根）の値」の総和｝』すなわちまた「『Pa√Wa+Pb√Wb+Pc√Wc+……+Px√Wx』の値（単位=百万人キロ平方）」は、「8460・百万人キロ平方」とする。

（注。2020年国勢調査に準拠しての計算値。厳密には「8458・百万人キロ平方」。）

3、第三数値処理原則。

「定数原値=Na」が、

イ、「『5未満』の場合」の定数は、小数点以下を切り上げた「整数値」とし、

ロ、「『5以上』の場合」の定数は、小数点以下を四捨五入した「整数値」とし、

この数値処理の結果として算出される議員定数を『算出議員定数』と称する。

4、第四数値処理原則。

「45都府県の算出議員定数の総定数」が、

イ、「280を超過した場合」は、「定数原値の上位都府県より順次超過定数に相当する

都府県」において算出議員定数から「定数1」を減じ、
ロ、「280に不足した場合」は、「定数原値の上位都府県より順次不足定数に相当する都府県」において算出議員定数に「定数1」を加え、
もって「45都府県の全定数を『280人』」に調整合致させるものとする。

5、第五数値処理原則。
「4における調整処理の結果として決定される議員定数」を『調整確定議員定数』と称し、この「調整確定議員定数」をもって「当該都府県の『議員定数』」とする。

6、第六数値処理原則。
「両立積式議員定数決定公式」の適用に際しての『人口値と面積値』は「直近の国勢調査に基づいて算出された値」を使用するものとし、かつ、「人口値」は『国民人口値』とする。

第○○条の五

イ、衆議院議員総選挙に際しての「小選挙区選挙における各都道府県内の区割り」。
ロ、参議院議員通常選挙に際しての「選挙区選挙における各都道府県内の区割り」。
の決定に際しては、
1、「都道府県内における区割り範囲」は、「市区町村の行政区域の境界」をもってその範

囲を分かつものとし、行政区域の分断は行なわないことを原則とする。

2、「都道府県内の複数の選挙区の区割り」は、各選挙区の相互の間において『選挙区内の市区町村における両立積の値』が相互に可能な限り同一値に近似するように「市区町村の行政区域の加減」をもってこれを調整し決定することを原則とする。

＊　＊　＊　＊　＊

『7』

われわれ有志国会議員一同は、

一、上記の**【公職選挙法・第○○条】**に従い、

1、「2020年国勢調査に基づいての『都道府県ごとの人口値と面積値（面積の平方根値＝距離値）』」を数値的根拠として

イ、「議員定数決定方式としての『現議員定数決定方式』『両立積式議員定数決定方式』『アダムズ方式≒人口比例方式』の三方式」に基づいて算出された**【衆議院都道府県別議員定数**（都道府県別小選挙区数）**】**。

を「以下の『**数表**』」に示すように算出し、

2、もって、国民（有権者）および政治家（国会議員）の皆さま方に対して、
イ、「三方式における各数値（議員定数）」の相互比較。
を行なうことによって、
ロ、**【両立積式議員定数決定方式】**における「都道府県別議員定数決定方式としての他の二方式に優越する**『合理性・妥当性・適格性』**」。
をご確認頂き、
ロ、「次回および次回以降の総選挙において施行されるべき都道府県別議員定数決定方式」としての**【両立積式議員定数決定方式】**。
に係る賛意賛同と採択および法制化を求めるものである。

＊　＊　＊　＊　＊

【「議員定数決定方式としての『現議員定数決定方式』『両立積式議員定数決定方式』『アダムズ方式≒人口比例方式』の三方式」に基づいて算出された**『衆議院都道府県別議員定数**（都道府県別小選挙区数）』に係る**『数表』**】

ただし、
イ、上段の数値は、『現議員定数決定方式』による議員定数（289名）。
ロ、中段の数値は、『両立積式議員定数決定方式』すなわち「『都道府県議員定数＝議員総定数×都道府県両立積÷両立積総和』との数公式」による議員定数（300名）。
ハ、下段の数値は、『アダムズ方式≒人口比例方式』すなわち「『都道府県議員定数＝議員総定数×都道府県人口÷国民総人口』との数公式」による議員定数（300名）。
とする。

「北海・12・**16**・12」「青森・3・**4**・3」「岩手・3・**5**・3」
「秋田・3・**4**・2」「宮城・6・**6**・6」「山形・3・**4**・3」
「福島・5・**7**・4」「新潟・6・**7**・5」「茨城・7・**7**・7」
「栃木・5・**5**・5」「群馬・5・**5**・5」「埼玉・15・**14**・17」
「東京・25・**21**・33」「千葉・13・**14**・15」「神奈・18・**14**・21」
「長野・5・**8**・5」「山梨・2・**2**・2」「静岡・8・**10**・9」
「富山・3・**3**・2」「岐阜・5・**7**・5」「愛知・15・**17**・17」
「石川・3・**3**・3」「福井・2・**2**・2」「三重・4・**5**・4」

「滋賀・4・**3**・4」「奈良・3・**3**・3」「京都・6・**6**・6」
「大阪・19・**12**・20」「和歌・3・**3**・2」「兵庫・12・**16**・13」
「鳥取・2・**2**・1」「島根・2・**2**・2」「岡山・5・**5**・5」
「広島・7・**7**・7」「山口・4・**4**・3」「香川・3・**2**・2」
「徳島・2・**2**・2」「愛媛・4・**4**・3」「高知・2・**2**・2」
「福岡・11・**11**・12」「大分・3・**3**・3」「宮崎・3・**4**・3」
「佐賀・2・**2**・2」「長崎・4・**3**・3」「熊本・4・**5**・4」
「鹿児・4・**5**・4」「沖縄・4・**4**・4」

『8』

以上、
われわれ有志国会議員一同は、ここに
「『**【両立積式議員定数決定方式】を実現させる会**』の発会」
を宣言し、
【両立積式議員定数決定方式】を実現させるべく尽力することを宣言する。

『【両立積式議員定数決定方式】を実現させる会』の発会に集う有志国会議員一同

二〇二三年〇月〇日

―了―

〈著者プロフィール〉

竹本 護（たけもと　まもる）

1943年（昭和18年）、香川県生まれ。哲学者。
旧・京都学芸大（現・京都教育大学）第一社会科学科中退。
現在は「政治哲学論稿【契約主義大論・全八巻】」を執筆中。
著書：「『人類院』創設の構想」（たま出版）
「超仮設『竹本宇宙論』の衝撃」（たま出版）

地方の声よ国政に届け！

2023年3月1日　初版第1刷発行

著　者　竹本 護
発行者　韮澤 潤一郎
発行所　株式会社 たま出版
〒160-0004　東京都新宿区四谷4－28－20
☎ 03-5369-3051（代表）
FAX 03-5369-3052
http://tamabook.com
振替　00130-5-94804
組　版　マーリンクレイン
印刷所　株式会社エーヴィスシステムズ

ISBN978-4-8127-0466-0　C0031